Extra Graphic Material From: www.freepik.com
Thanks to: Alekksall, Starline, Pch.vector, Rawpixel.com, Vectorpocket, Dgim-studio, Upklyak, Macrovector, Stockgiu, Pikisuperstar & Freepik.com Designers

This Book Comes With Free Bonus Puzzles
Available Here:

BestActivityBooks.com/WSBONUS20

5 TIPS TO START!

1) HOW TO SOLVE

The Puzzles are in a Classic Format:

- Words are hidden without breaks (no spaces, dashes, ...)
- Orientation: Forward & Backward, Up & Down or in Diagonal (can be in both directions)
- Words can overlap or cross each other

2) ACTIVE LEARNING

To encourage learning actively, a space is provided next to each word to write down the translation. The **DICTIONARY** allows you to verify and expand your knowledge. You can look up and write down each translation, find the words in the Puzzle then add them to your vocabulary!

3) TAG YOUR WORDS

Have you tried using a tag system? For example, you could mark the words which have been difficult to find with a cross, the ones you loved with a star, new words with a triangle, rare words with a diamond and so on...

4) ORGANIZE YOUR LEARNING

We also offer a convenient **NOTEBOOK** at the end of this edition. Whether on vacation, travelling or at home, you can easily organize your new knowledge without needing a second notebook!

5) FINISHED?

Go to the bonus section: **MONSTER CHALLENGE** to find a free game offered at the end of this edition!

Want more fun and learning activities? It's **Fast and Simple!**
An entire Game Book Collection just **one click away!**

Find your next challenge at:

BestActivityBooks.com/MyNextWordSearch

Ready, Set... Go!

Did you know there are around 7,000 different languages in the world? Words are precious.

We love languages and have been working hard to make the highest quality books for you. Our ingredients?

A selection of indispensable learning themes, three big slices of fun, then we add a spoonful of difficult words and a pinch of rare ones. We serve them up with care and a maximum of delight so you can solve the best word games and have fun learning!

Your feedback is essential. You can be an active participant in the success of this book by leaving us a review. Tell us what you liked most in this edition!

Here is a short link which will take you to your order page.

BestBooksActivity.com/Review50

Thanks for your help and enjoy the Game!

Linguas Classics Team

1 - Food #1

```
D Y G S Y K M L T V L E U K
H X W A L U B O S A H S B I
T A L L L C Y A O X B O W N
U T V A J Ẹ R E S Z G P D N
N R A D S L M K Z I S I S A
I W D T U N A Ọ M J L A J M
P O O O G R K B N O Z I L O
Y H B F A U L O Y U I Y Ọ N
A T A U R X K T O Y G O W O
W A R A K A R Ọ Ọ T I O Y J
S R L O F V R S F V G R B E
W Y E P A T A L Q B D I M I
Z L Y A K A R A O Y I N B O
O V Q R M D K G F C U J C Y
```

BARLEY	EPA
BASILI	ESO PIA
AKARA OYINBO	SALAD
KARỌỌTI	IYỌ
KINNAMON	OBI
ATA	OWO
OJE	SUGAR
LẸMỌNU	TOFU
WARA	TUNA
ALUBOSA	TUNIP

2 - Castles

```
F U K I T A V I X M B A J U
J E J B Y R L G X V L J D C
B M U T Ì J Ọ B A G B Á R A
V P N D W I O A Ọ G I K X T
X I I A A Z G G L W U G K A
Q R K R A L Z B A T G B Y P
J E O A B I L Ü G E Y K Y U
Q T R G O T D A B Z Q I M L
O L N B U I R À A Z Q F O T
G A K O L O D E R Ì D Á Y É
A Y M N G Z D P A L A C E O
K D O L O D U M A R E I E R
K F E Ẹ Ṣ I N T Z O O D I U
M D Q V F S H U L Q S E T T
```

AGBÁRA	ORU
CATAPULT	ỌLA
ADE	PALACE
DARAGBON	OLODE
ÌDÁYÉ	OLODUMARE
EMPIRE	AABO
FEUDAL	IDÀ
AGBARA	IGBAGBÜ
ẸṢIN	UNIKORN
ÌJỌBA	ODI

3 - Measurements

```
D  J  H  X  B  D  T  L  B  M  I  I  O  D
R  E  Y  F  S  S  D  B  Y  A  N  K  F  B
H  L  C  K  A  G  B  O  T  S  C  Ẹ  S  G
K  S  O  I  A  D  H  I  E  S  H  N  G  B
M  K  H  L  M  T  U  C  E  G  Z  I  R  B
I  I  R  O  I  A  M  M  U  T  I  T  A  M
V  L  M  G  J  O  L  I  T  E  R  G  M  X
W  O  Q  R  I  U  W  A  O  Ì  W  Ò  A  U
J  M  C  A  N  N  Q  F  N  K  F  Ú  N  M
A  I  A  M  L  C  O  K  Q  E  L  J  L  J
E  T  S  O  E  E  G  A  H  X  C  Y  M  A
A  E  M  E  T  E  R  Ọ  G  B  Ẹ  N  J  Ẹ
M  R  F  F  J  S  Q  Ẹ  S  M  Ì  R  A  D
Y  V  I  L  R  U  Q  F  K  O  K  W  E  W
```

BYTE	AGBO
ỌGBẸNJẸ	LITER
DECIMAL	MASS
IKẸNI	METER
IJINLE	ISEJU
GRAM	OUNCE
GIGA	TON
INCH	ÌWÒ
KILOGRAM	FÚN
KILOMITER	

4 - Farm #2

```
D C H H O L O G B O T C R Ọ
A D I D U L H C O F O T Z D
Y A B À N A U H V W A R A Ọ
C Y A A J M N I Z O M A A Á
D F R O E A I L G U E C G G
F Q L O R C H A R D A T B U
M Z E W E E E Y I N D O A N
Ẹ Ì Y C S R G R B J O R D T
G R W A O V A B D H W K O A
W Ò A K V C I G E T G C C N
O Y Q N R Y F R U T T V Z Y
F Ì C F K K J A Z T A Q D Z
L N Q V S O B E K L A U U X
W I N D A M I L L Z V N K X
```

ẸRANKO	ỌDỌ AGUNTAN
BARLEY	LLAMA
ABÀ	MEADOW
EYIN	WARA
AGBADO	ORCHARD
EGBFTA	AGUTAN
OLOGBO	TRACTOR
OUNJE	EWE
ESO	OHUN
ÌRÒYÌN	WINDAMILL

5 - Books

```
V A L A G B E K A I T A N L
R H Y C E C R Ọ Z C U A B U
L I T E R A R I O Ṣ Ẹ R Ọ X
E J X R X U Ì X F R F U Q O
P Ọ H M B E W H W K G H F R
I R D C L B Á C G D J U E Í
C Ọ Z M A H Y V Y U K M O K
G O W W M O Ì O U L Z O R Ì
T A J G W Q N O V E L R O R
R J B U H I B À R J F O E R
O N K A G U W B O Ẹ Y U I C
I G B A G B Ọ Á J R R S J V
O L Ó T Í T Ì N C S I Ẹ Y C
G L I E W I M Ú J R C N C X
```

ÌWÁYÌN
ORÍKÌ
IGBAGBỌ
ORO
ALAGBEKA
EPIC
ITAN
HUMOROUS
OṢẸRỌ
LITERARI

OLÓTÍTÌ
NOVEL
OJU
ORIN
EWI
ONKA
RẸRẸ
IJỌRỌ
ÀBÁNÚ
KỌ

6 - Meditation

```
V Z M Ọ E Z K C Y Y B W I E
C M Z P I B H Q G D Z T G R
S L U Ẹ I L K I R I S I B O
F L B ´ U G M I T M A Q A B
B X B I I B X V Z O M X G G
E I H C S S U K J Z J L B X
T D M I M I I M O R A U Ọ A
U I A G P G Z I K A A N U Y
T Ṣ Y B A A I Z A Y X K X O
U Ẹ V E L L L X N S F Z I R
T ´ T K R T Y Ọ O O R E B I
U R U A S Z D L L H R M I N
A L A F I A G B I Ọ J I W O
V I D V O P O L O K E K O W
```

IGBAGBỌ	OORE
JI	OPOLO
MIMI	OKAN
TUTUTU	IGBEKA
ITOJU	ORIN
AANU	EDA
IMORA	ALAFIA
ỌPẸ́	IRISI
IṢẸ́	IPALỌLỌ
AYO	ERO

7 - Days and Months

```
G M X H E T S B B M G H O V
K S A B D X O O S U K Ẹ J Ọ
N A X R Z L J K J O W B C K
O I L U C M O U B O U G E Ẹ
M O C Ẹ J H B N F D J G A R
B Z Y R N R O R Q U O I Q I
A Y H W T D M I V N J O J N
O J O A J E A N J Q O C B I
O S U K S A N O S U W T Z C
O J O S A B A T I Q E O F U
B S S X J V C A Z Z D B E O
K G O T U E S D A Y E E M Z
S Y S O L F E B R U A R Y D
J W E T Y F T V S U N D A Y
```

KẸRIN	NOMBA
OSU KẸJỌ	OCTOBER
KALẸNDA	OJO SABATI
FEBRUARY	OSU KSAN
OJO JIJI	SUNDAY
OKUNRIN	OJOBO
JULY	TUESDAY
MARCH	OJO WEDE
OJO AJE	OSE
OSU	ODUN

8 - Chess

```
I D E M O M A T F A J G K G
F U N F U N X Z V G T C E R
V D E A C O I D I J E F H W
P U D F Z J O L O G B O N F
D O B A C U T V F J O K R K
Q I L C S A L A T A K I O U
Q R A O C M T A O Y G B F Z
R V I G L I I V G A E Y I X
H I D O O U J L E B E R N X
A K K D T N F A A A R Z T H
M S A D B G A E D N E A L U
S Z V F W C O L U H A A M K
E L E R E E K I S I I G I K
K G V G E K U G W E C O V V
```

DUDU
OLOGBON
DIAGONAL
ERE
OBA
ALATAKI
POLOLUFE
ELERE

OJUAMI
AYABA
OFIN
EBO
ILANA
AAGO
IDIJE
FUNFUN

9 - Food #2

```
Z S Q O G U X G W G H L W C
A V A J G A Z H A M X X Z O
E Q Z I T E J A R I C E D Ẹ
Q U L U E Ṣ D B A K I W I F
J H Q J D Ẹ F E N I G B A Ọ
Q F I K O Ẹ O J K X U A P Ẹ
À J Á R À R K U A D I Ẹ U Z
K M Q V E I A T I S H O K I
Ẹ Y O V H S O L U U I F S S
E Y O H T O M A T I L H E X
A E I Z U Y O G U R T R L O
Y C C N D N I T F O R V E M
C H O C O L A T E O B K R Q
A Q Y J K A K Z W A R Q I L
```

APU   IGBA
ATISHOKI   EJA
OGEDE   ÀJÁRÀ
ẸFỌ   HAM
SELERI   KIWI
WARANKA   OLU
ṢẸẸRI   RICE
ADIẸ   TOMATI
CHOCOLATE   OHUN
ẸYIN   YOGURT

10 - Family

```
D R D B A B A M A I B I O I
I L T À D U A C Z L R B M Y
B C R B W E N Ọ M Ọ D E O A
G H J Á W E Q T B J I J A W
A R A B I N R I N T E I R O
O U M O U À G B À G B À A T
M A R A K U N R I N D O K O
O M O O L O D U M A R E U B
B X K K A I Ì O O Q Y T N Ì
I O M O D E Y M H R J Y R N
N G S L K L Á O S Z G G I R
R V D L I J O O G O K O N I
I M I C K B A B A B A B A N
N L W T Y X H I T H H G F R
```

BÀBÁ   OMO OBI
AUNT   ÌYÁ
ARAKUNRIN   OMO ARAKUNRIN
OMODE   ỌMỌDE
OBÌNRIN   BABA
OMOBINRIN   ARABINRIN
BABA BABA   IBEJI
OMO OLODUMARE   ÀGBÀGBÀ
OKO   IYAWO

11 - Farm #1

```
S Ẹ G Q V U T E X I W O N X
M Ṣ Y K G L S E W J V G L E
B I S O N G F L F U W B A H
E N X W K A L F U N R E W F
E X Z O Y I N S C H K E Ọ Y
A V S M R W S O Q Y G C N E
C D Y I C Q B K W I S L I W
W K I A K Z R I S A J T R E
C X I Ẹ J H R I C E Q I U X
F S V U M A R B S A Z X G F
Q J C Q O Y U U T R M Q B O
O O F E R T I L I Z E R I K
L D K E K Ẹ T Ẹ M A L U N O
Z I M E M O Q S H O W I L Y
```

OGBE	ODI
BEE	FERTILIZER
BISON	OKO
KALFUN	EWURE
NLA	HAY
ADIẸ	OYIN
MALU	ẸSIN
KOWO	RICE
AJA	AWỌN IRUGBIN
KEKẸTẸ	OMI

12 - Camping

```
U  Ẹ  Z  G  I  T  C  L  F  V  L  A  K  E
H  R  V  Ò  G  J  O  S  U  S  U  M  E  R
M  A  C  K  B  C  M  D  N  W  O  Y  M  J
Q  N  M  E  O  O  P  U  Ì  Z  K  W  O  V
R  K  A  M  C  O  A  L  W  R  B  L  A  D
M  O  P  I  O  Y  S  H  Á  E  R  B  L  A
T  A  S  G  D  C  S  X  Y  M  O  C  B  S
S  E  C  C  E  A  K  I  Ì  W  V  R  V  F
Ò  H  G  A  O  N  M  L  N  X  K  R  Y  F
Q  K  U  C  D  O  B  A  R  A  I  G  I  O
M  X  Ò  S  K  E  A  E  Z  V  R  D  B  J
V  F  A  K  À  G  Ọ́  H  V  A  A  H  M
E  D  Y  X  Ò  A  O  D  Z  W  W  X  O  G
B  X  B  E  D  A  C  A  B  I  N  E  G  J
```

ÌWÁYÌN	ODE
ẸRANKO	ÒKÒKÒ
CABIN	LAKE
CANOE	MAP
COMPASS	OSUSU
INA	ÒKE
IGBO	EDA
FUN	KIRA
HAMMOCK	ÀGỌ́
ILA	IGI

13 - Conservation

```
G O M I G E A R A X E S L R
Z R G Y B D G F P L L F J A
G Í V K I L I Z E F G R L T
A K G D G A Z V S F T V W U
I Ú D D B E D A T G E O B N
E N Y O E K Ẹ M I K Á L Ì S
A L A W Ọ E W E C L Y T V E
Z I H I D O T I I C E R R A
S C F U Q A C K D E M R L X
F R L W F L T J Z V F X A R
Ẹ B W C X A C I A G B A Y E
B K Q F U Y Y I C Y C L E O
T I Ọ C T E F U I Q Z Q U I
E C O S Y S T E M F R K C F
```

KẸMIKÁLÌ   ILERA
AFEFE   EDA
YICYCLE   ORÍKÚN
ECOSYSTEM   PESTICID
ẸKỌ   IDOTI
AGBAYE   ATUNSE
ALAWỌ EWE   ALAYE
GBIGBE   OMI

14 - Numbers

```
K V U D D I O J U K K E D O
Ọ Ẹ B S M E J I F R E L J W
K K Ẹ K H Z C Y O J J E S U
A E K Ẹ W À Á I W M Ì K Q C
N Y R R ̃ V T V M M L E S B
R W O I D D U H Ẹ A Á T T D
Q U I N N A Ó T J R L A D X
M E S A N L V G Ọ U K Ẹ T A
U I G Q M K A O Ú N T D A H
M E F A W X Ò R Ú N M Ì L À
F E R I N D I N L O G U N U
M Ẹ J Ì N I N L Á B V O V G
T Q L M E J E E K E J I L A
J T V K W Y S J C Ò G Ú N K
```

DECIMAL	MEJE
MẸJỌ	KEJÌLÁ
MẸJÌNINLÁ	MEFA
KẸẸẸDÓGÚN	ERINDINLOGUN
MARUN	KẸWÀÁ
KẸRIN	ELEKETA
KERINLA	KẸTA
MESAN	EKEJILA
ÒRÚNMÌLÀ	ÒGÚN
ỌKAN	MEJI

15 - Spices

```
A L A S O W F X U D U F F C
L N E U J S K A L U B O S A
I R I R K K A T A I O B B R
C R L S F U C F E N N E L D
O F K V E R U U F J A L R A
R K I N N A M O N R X Z V M
I O Y U G R I P L V O Q D O
C R O T R I N C A A J N U M
E I K M E O Z Z H P B C N V
Y A L E E S I B E M R O W U
S N X G K O R I N V E I J Z
W D W X H V A N I L L A K U
A E M E L B O K M T S W F A
L R L K A T A L E F R U U Y
```

ANISE	ATA
KORIN	ATALE
CARDAMOM	LICORICE
KINNAMON	NUTMEG
KORIANDER	ALUBOSA
CUMIN	PAPRIKA
KURARI	SAFFRON
FENNEL	IYO
FENGREEK	DUN
ALASO	VANILLA

16 - Mammals

```
N M Z H W S D A L M H X K O
L U C V B U O J B E A R A B
A G U T A N L A E R I S N O
L I K Q R A P U A I M W G A
Z E B R A Z H Q V N Á F A D
K A K M Ẹ Ṣ I N E Z L V R Z
K E H O R Ó N M R F À C O Y
I Ì A G I R A F F E Á O O J
M K N J O W J W E K T Y A W
E O V Ù C R H B G E G O S A
X O F Z N M I A A K A T A J
T K Y R U S X L L B M E H Y
L Ò Q A Q T Y J L E X M S B
O Q L Z Y R H J E A F O I I
```

BEAR
BEAVER
MÁLÀÁ
NLA
COYOTE
AJA
DOLPHIN
ERIN
AKATA
GIRAFFE

GORILLA
ẸṢIN
KANGAROO
KÌNÙN
OBO
ẸHORO
AGUTAN
WHALE
ÌKOOKÒ
ZEBRA

17 - Fishing

```
O  M  I  Q  A  Z  L  À  S  Ọ  D  Ù  N  A
B  D  X  B  I  I  Z  A  W  C  W  E  E  S
L  A  O  A  G  B  O  N  K  C  G  F  Z  I
O  K  U  N  R  I  N  T  Ṣ  E  Ṣ  E  Q  K
U  H  T  E  L  Z  K  D  W  Ṭ  E  R  Ọ  O
G  I  L  L  S  U  U  R  U  O  J  L  B  Q
Z  D  K  M  W  S  R  Q  X  O  K  J  E  Q
I  Y  F  H  S  S  V  O  K  W  R  F  C
S  H  A  V  Q  D  B  B  A  U  T  Y  T  L
A  L  D  I  Ì  K  Ò  A  Z  N  V  J  I  X
T  T  Q  Z  W  A  K  F  I  Q  Q  C  A  E
A  Y  G  V  Ò  L  Ú  F  X  T  D  X  B  G
Y  S  I  X  U  T  N  C  K  Q  F  J  A  L
D  K  A  F  M  B  F  V  E  M  K  H  O  B
```

BAIT	ABA
AGBON	LAKE
ETO-OKUN	ÒKÚN
OKUNRIN	SUURU
ṢEṢE	ODO
ERỌ	ASIKO
ÀSỌDÙN	OMI
GILLS	ÌWÒ
ÌKÒ	

18 - Restaurant #1

```
E B Q D O S U G A Y Ọ I K K
W R T W U L V U Ṣ G B F W I
T S A X N B W S Á A Ẹ I L O
U R I N J J T K L K Ị Ṣ B F
Q L O O E G O Ọ Ẹ O L U G C
M Z A D I Ẹ V F ` J E R L Q
C R Q T L R J I M Ọ I A E E
U D W F A A L A R A D A Q S
N A P K I N I C J K A G O L
U A K A R A X J S I N I U V
S I S I Q T X K L Y A A Y C
G K Z I D U R O Ṣ I N Ṣ I N
M B E M O K A Z X H E Q L M
M E H L J W K R I M R X Y X
```

ALARA   ỌBẸ
EGO   ERAN
AKARA   AKOJỌ
ADIẸ   NAPKIN
KỌFI   IFIṢURA
AṢÁLẸ̀   OSU
OUNJE   LATA
ILE IDANA   IDUROṢINṢIN

19 - Bees

```
K E W S K O M I V O K Z C O
M S U W A X Q S A R S Q L U
Ọ O Ò A N F A A N I F D T N
G O K R U D G R I S D P G J
B Y Ò M G L C G T I E O Ò E
À I K H T A R T Q R C L D U
L N Ò F W M I O G I O L Ò O
Z Z G L L O T W L S S E D J
A Y A B A S I B I I Y N Ó L
X J M H I V U A Q Z S L K M
J A B Z I G A N I G T T Q H
W D H E S E B A I X E G B E
E H Y J H J W E F J M T L F
P O L L I N A T O R X Y S L
```

ANFAANI	OYIN
IDODO	ÒKÒKÒ
ORISIRISI	EGBE
ECOSYSTEM	POLLEN
ÒDÒDÓ	POLLINATOR
OUNJE	AYABA
ESO	SIBI
ỌGBÀ	SUN
GBIGBE	SWARM
HIV	WAX

20 - Sports

```
E G B E B M T A S E J E H T
Y Z O L E A H Z C O X R O E
O V U E J T S F G K F E C N
I L J R B O B E G O L F K N
D Q O E H D K S B T S F E I
A I H F E X V T A A D C Y S
R K E J I A L A S E L U M U
A R X G J N O D W B V L V G
Y B D F M M U I L U J Q F F
A I G B E K A U L U K C X Z
J O I U R Q E M M K Y C G H
O T G O J X T K A K T Z C G
D G M Z E D R O W G C C U B
I R G C C J B O L U K Ọ N I
```

BASEBALL
KEJI
ASEJE
OLUKỌNI
ERE
GOLF
IDARAYA
HOCKEY

IGBEKA
ELERE
OLOFIN
STADIUM
EGBE
TENNIS
ALASELU

21 - Weather

```
A A T A S W E B Q W X Z D A
R F A O I S K Y K J F W A T
A E S D R Q H U W F O G T M
W F E M À N À M Á N Á I U O
J E J O J S A E T B F G T S
M T E H O K C D T E C Ú U P
O G B E X B Z Y O J J N T H
N G P O L A R M T I J I U E
S B R A I N B O W J W O Y R
O E K F Z A C R S I G T I E
O T R O P I C A L T U T N L
N Q L O A W Ọ S A N M A Y U
R U K V Q M K Z L T D I I Q
B O E T D K Q T A F C H N F
```

ATMOSPHERE
TUTUTU
AFEFE
AWỌSANMA
OGBE
GGBE
FOG
EJIJI
YINYIN
MÀNÀMÁNÁ

MONSOON
POLAR
RAINBOW
SKY
IJI
IGÚN
ARA
TORNADO
TROPICAL
ASEJE

22 - Adventure

```
Ẹ Q E G J Y T X S Ì A A Y O
I W L G X Ì G B Á Y À N A W
D T A F Q P C W D À Z F L X
H Q I X I A I R U N E A A C
Z I Z N X R U J X L D A S Y
I S E A E Á Q G T Ọ A N E M
F C F E Z R H U K ´ S I P G
E H A A J L Y Y D G E X O C
U E V F E I T A M A S W F T
W G K C F L D O J W E A W L
Ì T A R A O A A B O W O Q O
J E X C U R S I O N A D J E
D E S U B E Ì Ṣ Ò R O S Y W
Y T I T U N J Ẹ C F E H B U
```

IṢẸ	ITINERY
ẸWA	AYO
ÌGBÁYÀN	EDA
ASESEWA	LILO
EWU	TITUN
ÌYÀNLỌ	ANFAANI
IṢÒRO	ÌPARÁ
ÌTARA	AABO
EXCURSION	ALASEPO
ORE	

23 - Circus

```
S O B X M F K A L Á Y Ì N P
I J A W A V U H S U H F X A
A B L Ẹ R A N K O O R I N R
Y L L À J U G G L E R K L A
Y J O I G U W Y J O O S T D
S V O B O Ọ M U L W B R L E
K Ì N Ù N D ´ U A K G O M X
H D S S Z E D L B Z F Ṣ X F
U V U W A C R O B A T A D D
O I K M B O R I K I H F U O
K D U E V S K Y N T W I F G
V A T I K E T I V Q K H E E
X N Ẹ ` T À N S O H H A X T
T I G E R M Y Z H G V N Y I
```

ACROBAT	OBO
ẸRANKO	ORIN
BALLOONS	PARADE
ASO	ṢAFIHAN
ERIN	ORIKI
JUGGLER	ÀGỌ́
KÌNÙN	TIKETI
IDAN	TIGER
ALÁYÌN	ẸTÀN

24 - Tools

```
A O B Y Y R Ò O E D U X K G
O L O L U F E T Z S E G I E
R J K Ẹ L Ẹ U D Ù W E Y R J
I L O Y D U G J H N C A A K
K C A B L E R G M J O B V Y
I H V K A H D Ú M I K J E L
S C R E W V Q N B Ọ T A X E
I T P L I E R S F Z B V F T
S B A S R J X W Q Z F Ẹ F M
S L Q P À K À B À Q R E S A
O G A Y L O V A D M D B J L
R F B C T E C X A T Y R W S
S T L T I I R V Z F K D Z C
S O S V X K L X J Z I R W B
```

AXE

CABLE

GÚN

OLOLUFE

ỌBẸ

ÀKÀBÀ

PLIERS

ORIKI

KIRA

SISSORS

SCREW

OKO

STAPLER

ÒTÙN

KẸLẸ

25 - Restaurant #2

```
H J M W B L A I W C L I I C
S J W D T O K W S X S J L E
E A O M I R A N E M V Y Z G
V J L J Y I R L H E O X X C
Y C A A Ọ K A O J C L X O O
W T O Y D I O L O H U N U R
R X A X T Q Y H G F D S N Í
B E S O B I I E L X U I J K
Y C W K M X N D A T R B E Ò
I A O E A G B A R A O I A X
N K U Ẹ L R O O M I U G L Q
Y X C Y L M J G L S D T E I
I S S I U S Z O R Q I I L D
N U J N Y I L B G U L V U A
```

OMIRAN	YINYIN
AKARA OYINBO	SALAD
AGBARA	IYỌ
OLOHUN	OBI
OUNJE ALE	ORÍKÒ
ẸYIN	SIBI
EJA	EWE
ORIKI	OLUDURO
ESO	OMI

26 - Geology

```
Y W U D V A Q F O J C T T P
F I Ì G B Ì Y À N L I Y Ọ L
K B U À Y Ó K Ò B A K L C A
A G B A Y E L R R Y V G U T
L T Y J B H I D I E M G U E
I M B W Y K G E Y S E R D A
S T A L A C T I T E T A H U
I K K B J F Z Q K O S A S C
O V O L C A N O F V H J A F
M U A R T T S K T G L B M L
U Z U I A Q U A R T Z D Q B
M Y Z F E L L C A V E R N H
L A V A O A C I D O K U T A
Ì J Ì Y À N Q Z F O S S I L
```

ACID
KALISIOMU
CAVERN
AGBAYE
KORAL
KRISTAAL
ÀYÓKÒ
ÌGBÌYÀN
ÌJÌYÀN
FOSSIL

GEYSER
LAVA
LAYE
ILU
PLATEAU
QUARTZ
IYỌ
STALACTITE
OKUTA
VOLCANO

27 - House

```
I Y A W O H H J Z E S E C K
B L D K X R V W Y D H C U V
I L E Z I E U Q G I J G D F
I I I K C S K V I G D O A L
N F L P U D G Y W O R U L E
A Ọ Ẹ Z I N J A Ọ G B À I Y
T R I H J L X T R T T J W A
U Ọ D I G I Ẹ T Ọ A Q Q E R
P W A W U R E I Q J G O I A
A Ọ N O D I J C R E A E W G
S W A W Ọ N B Ọ T I N I E Z
J Ọ I F É R E S E T J B J W
D I Z G Q W R S L R H R E D
F F U W U V O T W M R D U A
```

ATTIC	AWỌN BỌTINI
IPILẸ	ILE IDANA
IYAWO	ATUPA
AWURE	IWE IWE
ILEKUN	DIGI
IBI INA	ORULE
ILE	YARA
IFỌRỌWỌWỌ	IWỌRỌ
GARAGE	ODI
ỌGBÀ	FERESE

28 - Comedy

```
A K K D M Y X F J R X S Y X
B Q F I M U D A R A S I C A
Y M K O A Ì P I N M Y R R W
C L S O F K B O S E S E F U
I R A N L O I C L S Ì B U R
E J U E T O Ṣ A G W T J N E
A W Z E W D L E K A Á D W Q
J L P Q X E W U R E T W G C
I H A S E J E L F E À S J C
K U R Z H Z R S T E R B B G
M M O T Ẹ L I V I S I O N I
Q E D F W H N V T Y M R F M
B H Y G Z Y S V K F Y U G C
H O Y M F Z H G I J X T C F
```

OSESE

OṢERE

ÌPIN

OLOLUFE

AWURE

KIAKIA

FUN

EWURE

IRAN

IMUDARASI

ASEJE

ERIN

PARODY

TELIVISION

ÌTÁTÀ

29 - Bathroom

```
V T T H I F B F Z Z Y J Y L
S Z C K G C A M L S D I G I
I P A R A T Q U F M B W T O
G U I I S W F V C H I Ọ V G
B F M W W H R U G E T R T O
I H A S T E A M V Q T Ọ L L
N R A T X Z S M Q X V Q X O
L U I L C S F G P G X F Z F
E C J J G Z Z M T O W E L I
W F Y Ọ Ṣ Ẹ W C F N O A Z N
R H H I F I I R Q Í M M F K
S I S S O R S Y X K I R Z B
B M Z W C X R I K Ú O M S M
F B G A K A N R I N K A N J
```

IWE
ONÍKÚN
FAUCET
IPARA
DIGI
OLOFIN
RUG
SISSORS

SHAMPOO
IWỌRỌ
ỌṢẸ
KANRINKAN
STEAM
IGBINLE
TOWEL
OMI

30 - Dance

```
J  B  I  T  C  T  L  Z  D  F  S  K  A  A
E  U  I  Ṣ  E̩  R  E̩  O  H  I  O  A  W  F
R  Z  B  W  A  L  A  Y  O  L  O  S  O  B
M  H  I  A  R  L  T  I  M  O  R  A  R  A
F  O  L  G  A  I  Á  F  C  J  E  S  A  V
K  R  E  H  Z  A  P  G  K  U  O  I  N  Y
K  I  A  K  I  A  S  I  B  Y  F  K  Y  S
D  N  U  B  R  I  J  A  N  E̩  E  A  J  C
R  H  Y  T  H  M  Z  K  Y  L  ´  Q  Z  I
S  Y  V  Y  C  B  I  H  R  O  E  N  V  G
À  W  O̩  N  O̩  `  R  O̩  `  R  Ò  X  I  B
A  K  I  Y  E  S  I  A  Y  A  Y  V  C  E
V  K  L  X  I  V  B  H  X  W  Z  U  K  K
Q  J  B  C  L  Z  X  M  D  Y  F  W  E  A
```

AKIYESI	ALAYO
AWORAN	IGBEKA
ARA	ORIN
ÀWO̩N ÒRO̩RÒ	ALÁGBE̩NI
KASASIKA	IPINLE
ASA	IṢE̩RE̩
IMORA	RHYTHM
KIAKIA	IBILE
OORE-OFE	OJU

31 - Colors

```
B V D R V C W J Q D C F C Y
B C T K S F A J Q F Y V T U
A U Y G E V R E D U D U F X
L L L A M Q B A H C M C U K
A I A U N E V L Ọ H P I N K
W L O W O C R É S S S Z F M
U E U U Ọ B C Y A I O F U F
N K J I L E K À N A Q S N W
R L L G U I W Á P U P A A R
K S D F G G H E S M L Y X L
I A K X R E M A G E N T A F
M O I M D V B I O O D J B E
I Q E O L Q O E C S R G U S
S G R A Y A Y S U Q K W W Y
```

BEIGE
DUDU
BULU
ALAWUN
CYAN
FUCHSIA
ALAWỌ EWE
GRAYAY

MAGENTA
ỌSAN
PINK
ALÉYÀÁ
PUPA
FUNFUN
OWO

32 - Climbing

```
H  T  V  À  T  I  K  Ú  N  A  G  H  Y  I
G  I  X  Ṣ  M  D  W  A  T  E  K  U  Q  D
E  L  X  Í  A  I  D  O  M  W  G  B  B  A
B  G  X  B  P  E  L  E  S  C  H  H  G  N
I  E  Q  O  S  N  P  F  F  A  A  I  A  I
R  G  H  R  R  I  F  A  R  A  N  K  T  L
E  Q  X  Í  I  W  A  R  I  I  R  I  M  E
M  I  D  U  R  O  Ṣ  I  N  Ṣ  I  N  O  K
Y  F  A  M  S  K  E  J  Z  L  E  G  S  O
O  L  O  G  B  O  N  Q  J  T  M  X  P  H
L  L  E  C  B  L  X  K  S  O  W  R  H  Q
T  H  Z  E  Ò  A  R  K  G  K  G  C  E  O
T  U  G  C  T  J  R  U  X  C  L  F  R  L
T  J  U  H  Ò  K  Z  A  B  S  O  S  E  Q
```

ATMOSPHERE	EPA
BÒTÒ	MAP
IKÚN	DIENI
IWARIIRI	ARA
OLOGBON	IDUROṢINṢIN
IWOSAN	AGBARA
ÀṢÍBORÍ	IDANILEKO
HIKING	

33 - Shapes

```
I  R  Z  Q  C  V  F  O  K  O  N  U  P  M
K  L  E  E  X  Z  H  O  B  W  Y  D  O  Q
Ú  X  A  T  O  V  A  L  R  A  W  D  L  T
N  K  T  M  A  G  B  A  Y  E  W  X  Y  H
H  H  I  C  H  N  Q  Q  D  P  E  K  G  T
M  S  O  K  Y  L  G  X  Y  R  G  I  O  A
E  L  L  I  P  S  E  L  R  I  B  P  N  J
T  M  O  E  E  I  G  R  E  S  E  Y  T  C
A  M  G  X  R  L  S  C  E  M  H  R  Y  C
W  R  J  E  B  I  E  I  H  G  G  A  B  Y
F  U  C  F  O  N  L  G  E  K  O  M  G  Q
H  Q  U  A  L  D  W  U  X  H  D  I  F  K
U  U  B  L  A  A  W  N  I  G  H  D  A  O
B  G  E  Q  A  H  G  W  O  S  U  K  Z  A
```

ARC	ILA
AGBAYE	OVAL
KONU	POLYGON
IGUN	PRISM
CUBE	PYRAMID
IKÚN	RETANGLE
SILINDA	EGBE
ELLIPSE	META
HYPERBOLA	

34 - Scientific Disciplines

```
K E D M E V I D J E S A G K
G E C I W O R U E B O R E E
O I M O E B A D X Ẹ C C O T
Q W X I L L W V F R I H L A
A F F Z S O O O J Ọ O E O J
N Z H J O T G H V Ọ L O G Ẹ
A M U Y B R R Y X R O L Y A
T I L U I L U I H Ọ G O J J
O J U O J U A Y E N Y G Q Ẹ
M R A W Ọ N Ẹ R Ọ Q U Y I H
I I O Ẹ ` R Ọ ` Ì R Á N T Í
R M Q Ẹ D T B U X Ọ C C Q A
L A V D D B I S I N M I B R
M F K I N E S I O L O G Y A
```

ANATOMI

ARCHEOLOGY

IRAWO

ISINMI

EWE

KEMISTRI

ECOLOGY

GEOLOGY

AJẸ AJẸ

KINESIOLOGY

ORO EDE

AWỌN ẸRỌ

OJU OJU AYE

ILU ILU

ẸROỌRỌNỌRỌ

ARA

ẸRỌ ÌRÁNTÍ

SOCIOLOGY

EBO

35 - School #2

```
B  S  L  U  V  I  K  Ọ  W  E  G  B  S  H
K  Z  I  I  B  M  G  Q  A  K  R  Ọ  I  A
G  A  E  S  T  Ọ  I  O  T  A  A  Ọ  W  E
H  K  R  I  S  E  R  S  U  L  M  S  E  Q
G  I  E  W  I  O  R  E  M  Ẹ  M  I  I  H
T  Y  L  E  Ṣ  V  R  A  O  N  A  M  W  X
G  E  J  A  Ẹ  I  S  S  T  D  R  C  E  S
I  S  I  R  O  U  B  L  O  A  G  B  R  M
O  I  V  L  L  U  Q  L  M  K  T  H  J  L
J  R  M  L  U  V  M  C  B  W  E  I  B  G
R  T  E  V  K  K  Ọ  M  P  U  T  A  O  U
L  O  Q  A  O  D  J  B  U  L  K  B  G  N
I  Ẹ  K  Ọ  O  K  K  V  T  A  Y  G  W  U
Ẹ  K  Ẹ  D  E  X  J  J  Y  Q  S  A  U  Z
```

ẸKẸDE	GRAMMAR
IṢẸ	IWE IWE
AKIYESI	LITERATATION
BỌỌSI	ISIRO
KALẸNDA	IWE
KỌMPUTA	IKỌWE
ATUMO	IMỌ
ẸKỌ	SISSORS
ORE	OLUKO
ERE	OSE

36 - Science

```
A  K  I  Y  E  S  I  D  Ọ  Y  Q  B  A  I
M  X  C  O  Q  J  I  S  T  `  J  Z  F  D
Y  À  R  À  A  P  A  B  A  B  N  H  E  A
J  R  Q  Z  A  T  S  D  A  T  A  À  F  G
E  R  J  O  R  G  O  V  K  F  V  U  E  B
H  M  Q  F  A  T  Q  M  O  L  E  K  U  A
J  I  J  I  D  E  U  I  H  O  W  E  U  S
Y  L  V  I  A  D  D  A  M  O  X  G  J  O
R  U  Y  X  N  L  Q  A  B  T  W  B  L  K
K  V  Z  W  W  E  B  V  D  I  E  E  F  E
A  O  Y  E  O  H  C  L  J  T  K  J  O  J
Y  E  T  K  Ẹ  K  A  M  I  O  K  K  L  H
À  G  B  À  G  B  À  F  O  S  S  I  L  E
U  L  O  Q  O  L  O  G  B  I  N  K  K  F
```

ATOM	YÀRÀ
KẸKAMI	ÒNÀ
AFEFE	ILU
DATA	MOLEKU
IDAGBASOKE	EDA
ADANWO	AKIYESI
OTITO	APA
FOSSIL	ARA
JIJI	EGBE
ÀGBÀGBÀ	OLOGBIN

37 - Summer

```
K  R  À  O  U  T  F  F  J  M  I  H  S  Q
T  J  G  T  W  Ì  R  Ì  N  À  J  Ò  F  J
S  I  B  O  J  O  X  V  Y  Ì  Z  K  E  M
Z  S  À  E  V  U  A  T  M  O  D  L  V  O
A  Y  O  R  I  N  I  S  A  K  E  Í  U  M
I  R  A  W  O  J  S  V  F  U  G  Q  L  U
Ọ  G  B  À  V  E  I  W  E  N  D  E  Z  É
S  U  B  G  C  Q  N  L  F  U  L  T  R  S
U  B  R  Ẹ  I  B  M  M  E  Q  Q  O  R  E
O  O  K  D  ´  F  I  Z  I  T  T  O  S  T
Z  U  E  O  D  B  J  U  J  S  F  K  C  G
O  I  X  X  I  V  À  U  E  F  B  U  V  E
W  G  A  K  X  G  K  T  B  F  Z  N  T  W
O  O  F  D  W  Z  L  M  À  R  H  V  D  X
```

ETO-OKUN	AYO
IWE	AFEFE
ÀGBÀ	ORIN
ÌDÍLÉ	IGBẸ BÀTÀ
OUNJE	OKUN
ORE	IRAWO
ERE	ÌRÌN ÀJÒ
ỌGBÀ	ISINMI

38 - Clothes

```
E G B A O W O K X T S X S J
J E A N S K I R T W E X E J
Z L A P R O N T S I E L A A
I W S W S M O A O G T Q T C
W R O B U M R G E B I Z E K
O J F L À R C B B A T A R E
S O L U W G E Q D G O O D T
A Q Q L Ò X C U Y B G C W V
N N K S R X X L U Ü U R R D
L D J C Ò K V S B J N U D V
P I L A Y B C V Y Q I I M C
H Á Z R G C K K G Y F A K M
L G T F K U X C X Q A G V L
F C D Á S Y N P A J A M A S
```

APRON	PAJAMAS
IGBAGBÜ	PÁTÁ
AWURE	OGUN IFA
EGBA OWO	SCARF
ASO	SEETI
NJAGUN	BATA
IWOSAN	SKIRT
ILA	ÀWÒRÒ
JACKET	SEATER
JEAN	

39 - Insects

```
K V J Y X S D J C C R R A R
B E E L W V H Y C I J Ọ P F
Z E À K Ù K Ọ B F C W G H F
Q F E Q V U Z G X A L J I H
O D L T Z J E H V D D R D V
K R Y E L A B A L A B A L B
D A A C A E C A M A O T A D
L G R A S S H O P P E R D C
A O E I T R M A N T I S Y D
R N Y Ṣ M O S Q U I T O B W
V F J S Ú W J M Z J D A U A
A L T E R M I T E E S Q G S
K Y J W O Q T C U W O L K P
K A N T T D V K W M A C Z L
```

ANT	GRASSHOPPER
APHID	LADYBUG
BEE	LARVA
BEETLE	EṢÚ
LABALABA	MANTIS
CICADA	MOSQUITO
ÀKÙKỌ	TERMITE
DRAGONFLY	WASP
FLEA	IJỌ

40 - Astronomy

```
A A C O S M O S K Y U R M A
Y V A S T R O N A U T O E C
N E B U L A Z K Y J D C T M
E E B S B A H O Q S O K E J
S S Q U E L J Y D F Z E O E
U A J U F E W G S I Q T R R
P T H T I Z W A Y E A I U A
E E T Y W N C L Z G X C J D
R L U L C H O A K I Y E S I
N A U H Q G K X A O I B S A
O I G I R E S Y P L A N E T
V T A D A W O R O W O R O I
A I A S T E R O I D R W G O
Z W U L E C L I P S E L W N
```

ASTEROID

ASTRONAUT

AWOROWORO

COSMOS

AYE

ECLIPSE

EQUINOX

GALAXY

METEOR

OSUSU

NEBULA

AKIYESI

PLANET

RADIATION

ROCKET

SATELAITI

SKY

SUPERNOVA

ZODIAC

41 - Pirates

```
B O L O G B O N G F L E B Ì
B U R I F T C D W L V T A D
F U R Í P A R O T A Y O I Á
R V U U L X E W W G S O J K
T A D M K Ẹ W O G T C K A Ọ
T P M A P U ` T O W S U M `
I Á I F O M B È L M O N B R
C O M P A S S C D V T Z A Ó
Ì H R À M W B C Q È I F V S
S W B L J C O E U J R J R U
Ú S Á À X I J J W Q O F G W
R O Q Y D K U Z Z Z M K E R
A K J É Ì Ú E T A G U D F G
I D À W D N F T S A U Y X T
```

ÌWÁYÌN	FLAG
ÌDÁKÒRÓ	GOLD
BURUKU	ORÍLẸ̀-ÈDÈ
ETO-OKUN	ÀLÀYÉ
OLOGBON	MAP
IKÚN	PAROT
OWO	OTI ROMU
COMPASS	APÁ
CREW	IDÀ
IJAMBA	ÌSÚRA

42 - Time

```
O B G Q Z S R E O S U U D E
O D B O W U R O R A F I L A
K D U K A Ọ V K U B Z F B Z
T A O N K J D M N O R U B K
O B L D L Ọ J Q M L T C T L
S A R Ẹ O Ọ R L I F U T A C
A Y V U N Ọ M E L C X E T C
N I M U I D E W A K A T I J
N I W A J U A A A G O E O T
I A Y O J N H F Y L M T S S
W O J O O J O I W A J U E W
I S E J U U I U U I H S W U
Z S E J Q M F G D P G F Q I
L V K R R A D Y Y E T S L V
```

ODODO
NIWAJU
KALẸNDA
ORUNMILA
AAGO
OJO
ỌJỌỌ ỌDUN
TETE
OJO IWAJU
WAKATI

ISEJU
OSU
OWURO
ORU
OSAN
BAYI
LAIPE
LONI
OSE
ODUN

43 - Buildings

```
I  L  E  Ọ  J  A  N  L  A  À  A  L  J  U
I  L  E  I  Ṣ  Ẹ  F  Ì  D  G  Ṣ  J  D  T
V  I  L  E  I  W  E  T  E  Ọ  O  Y  A  Y
D  V  W  D  G  O  O  Á  S  ´  J  A  B  À
O  I  I  X  B  Z  V  T  L  S  U  T  R  R
S  V  C  J  A  V  S  À  R  Y  X  L  K  À
G  T  B  A  G  R  A  I  C  I  N  E  M  A
B  Y  A  T  B  J  I  L  Y  H  H  E  D  F
S  D  D  D  Ü  I  L  E  I  W  O  S  A  N
Z  L  D  X  I  F  N  Ọ  X  A  S  T  L  D
V  U  Y  B  C  U  M  N  D  T  T  I  E  H
C  A  S  T  L  E  M  Ọ  I  C  E  L  Z  L
I  G  B  E  G  B  E  S  G  O  L  L  H  Y
F  M  M  C  K  M  Q  A  K  I  Y  E  S  I
```

IGBEGBE	YÀRÀ
ABÀ	ILE ỌNỌ
CABIN	AKIYESI
CASTLE	ILE IWE
CINEMA	STADIUM
AṢOJU	ILE ỌJA NLA
ILE-IṢẸ	ÀGÓ
ILE IWOSAN	ÌTÁTÀ
HOSTEL	IGBAGBÜ
HOTEL	

44 - Herbalism

```
Ọ  M  I  N  T  W  T  O  I  Y  I  H  Ọ  A
D  E  J  O  I  F  A  R  R  U  X  O  G  L
O  B  E  N  G  E  R  E  W  E  M  F  B  A
D  U  U  I  U  N  R  O  R  P  G  S  I  S
O  O  N  Y  J  N  A  M  O  A  A  A  N  O
W  J  J  K  W  E  G  F  S  R  L  F  N  I
G  E  E  R  S  L  O  B  E  S  A  F  F  O
A  A  N  F  A  A  N  I  M  L  W  R  Z  I
S  T  I  M  Y  U  E  A  A  E  Ọ  O  T  Q
Ọ  L  A  V  E  N  D  E  R  Y  E  N  T  K
Z  G  Z  I  V  K  U  U  Y  D  W  C  F  I
F  E  B  A  S  I  L  I  W  R  E  F  F  M
V  M  Y  À  U  Y  M  A  R  J  O  R  A  M
T  Y  R  Z  Q  R  A  R  O  M  A  T  I  C
```

AROMATIC	ENGERE
BASILI	LAVENDER
ANFAANI	MARJORAM
IJEUNJE	MINT
FENNEL	OREGANO
ALASO	PARSLEY
ÒDODO	ỌGBIN
ỌGBÀ	ROSEMARY
ATA	SAFFRON
ALAWỌ EWE	TARRAGON

45 - Toys

```
I  O  J  U  I  N  U  B  M  O  B  Ọ  M  U
Q  K  O  T  A  Y  A  N  F  Ẹ  E  K  M  E
S  O  M  Z  S  M  D  S  C  U  V  Ọ  V  I
Z  O  I  W  E  K  O  O  G  I  Q  I  F  Q
F  F  R  Z  J  Ì  L  Ú  K  Y  Z  R  G  T
Y  U  Z  O  E  E  L  D  W  U  X  I  V  C
E  R  E  V  B  B  O  O  L  U  N  N  B  M
G  U  C  K  I  O  W  Y  G  F  I  R  V  R
L  F  H  B  C  G  T  I  Z  V  K  W  I  S
M  U  Ọ  K  Ọ  A  Y  Ọ  K  Ẹ  L  Ẹ  Y  N
F  V  Q  U  M  S  V  Y  Z  J  L  V  A  D
K  E  J  I  B  Z  R  E  D  R  I  Z  N  H
B  U  K  I  U  V  J  I  O  Z  Z  I  U  Z
G  H  V  U  H  I  M  M  C  U  S  L  V  B
```

OKOOFURUFU	ÌLÚ
BOOLU	AYANFẸ
KEJI	ERE
OKUNRIN	OJU INU
IWE	IYANU
ASEJE	ROBOT
AMO	ỌKỌ-IRIN
DOLL	ỌKỌ AYỌKẸLẸ

46 - Vehicles

```
A Y M H J M A L C F K Ọ L F
Q T R A C T O R E X A K L Ọ
V G U U R A F T K Q R Ọ B K
F H S M O X Z I O S A I D Ọ
I E Ọ U K I F R K C V R C A
F L R B U E Y E O O A I Ọ Y
O I Ọ Y N N J J O O N N J Ọ
E C V U R G E I F T F K Ọ K
E O D Q I A G X U E V I ` Ẹ
X P Q Z N N V H R R D D Ọ L
H T R O C K E T U S W J ` Ẹ
Z E B Ọ Ọ S I W F O S I R V
Y R Q W L F L R U Z G E Ọ M
M E R S U B M A R I N E ` B
```

OKOOFURUFU	ROCKET
KEJI	SCOOTER
OKUNRIN	SỌRỌ
BỌỌSI	SUBMARINE
KARAVAN	ỌJÒ ÒRỌ
ENGAN	TAXI
FERY	TIRE
HELICOPTER	TRACTOR
MOTO	ỌKỌ-IRIN
RAFT	ỌKỌ AYỌKẸLẸ

47 - Flowers

```
B W H D K G C S L S E C V P
H O T S C M A C F S G Y F O
I O U R L K L R I Z Y Y X P
B R L Q W C U W D A I S Y P
I C I L U C L O V E R K L Y
S H P O P E T A L I N F E Ò
C I V X O Z T W A Z J I T R
U D J U C L E J V Q C F A U
S V T A D A N D E L I O N N
H J H G S M L E N I A U D O
X D G B W M H Y D F J E F U
M A G N O L I A E W B H X N
V J D S A H J N R T L U K R
U Q H L Z B E X E G B M F X
```

BOUQUET	MAGNOLIA
CLOVER	ORCHID
DAISY	EYAN
DANDELION	PETAL
GARDENIA	POPPY
HIBISCUS	ÒRUN OUN
JASMINE	TULIP
LAVENDER	

48 - Town

```
S R V R I S I I O R W À I I
T U W W T T W L K J J W L L
C N F E A A E E O S A Ò E E
T I Z I J D I I O H A R Ọ Ọ
A V N L A I W F F M L Á J N
B E X E S U E O U A S N A Ọ
O R I E M M W W R Z O O N R
L S Ì L H A T O U T V C L A
O I T E S F G P F W J T A W
D T Á G H A B A U F F Q D B
O Y T B T O Y M I L E I W E
D Y À O M X T Ọ O C C G Y G
O R I G D Q B E K E R E K D
Y X T I Y A W C L I N I C Z
```

OKO OFURUFU
BEKERE
ILE-IFOWOPAMỌ
CINEMA
CLINIC
OLODODO
ÀWÒRÁN
HOTEL
IWE IWE
OJA

ILE ỌNỌ
ILE ELEGBOGI
ILE IWE
STADIUM
ITAJA
ILE ỌJA NLA
ÌTÁTÀ
UNIVERSITY
ZOO

49 - Antarctica

```
V W Y M V X L K U R Z I L I
G L A C I E R S I O L D G Ș
X A R O C K Y M T X Y Y J Ì
S K Q U M O U P Q I J G E Ș
A I L U E L M E H B A Y T Ì
A Y G Q A O R N A W O R O P
W E I X G G I I R I N A J O
U S S K B B T N Y I N Y I N
R I L E A O O S L U I H G L
E T A D Y N J U C V V Y C S
U O N I E E U L T X T I R I
M P D Z O Y T A W H S R U W
D O M I I Z V J Y Z Q Y W V
I I G Ú N O L U W A D I U Y
```

BAY
EYE
AWURE
ITOJU
AGBAYE
AYIKA
IRIN AJO
AWORO
GLACIERS
YINYIN

ISLAND
IȘIȘIPO
ILU
PENINSULA
OLUWADI
ROCKY
OLOGBON
IGÚN
AKIYESI TOPO
OMI

50 - Ballet

```
K A R A O U G K E U I D I A
R D R I B L Ì P I N G F L K
L O I V E C O T H A C U A H
B W U E X K Y G C Q K M N Y
A G B A R A K A B D D I A O
S B F Z H F K L L O O D A R
R Q C E Y Z D X I K N H T C
H J J H T O L O L U F E Ì H
W Y U O H N R G I U C O Ṣ E
I S A N M I E I Ṣ Ẹ R Ẹ À S
O L X Í J J G V M F E O Ṣ T
R O D K C O O R E O F E Ẹ R
I S G Ú I Ṣ Ẹ Ọ N A U Z K A
N L S N U Y Y R J R T G O H
```

ÌPIN	ISAN
IṢẸ ỌNA	ORIN
OLOLUFE	ORCHESTRA
ONÍKÚN	ÌṢÀṢẸ
ONIJO	RHYTHM
KIAKIA	OLOGBON
IṢẸRẸ	ARA
OORE-OFE	ILANA
AGBARA	

51 - Human Body

```
E J I K A F S I C Y B M O R
S N J S G F W G Ọ W Ọ E C E
E S U C H I N B C V D I Z F
I H O U A M K A Z O K A N W
Q M V Y R Y B L U M O R R V
F U Ú R C J D A Q Ì K A I D
L C S I I L K Z E S O C I A
U K A U S F Y V G F S G J G
L F C B E O R I U W Ẹ S B B
C M Q B A G L Q N F H E R D
Q E U Q E T I O G B O N R K
E L Q V J C O R U C J M W W
Y D S U E O R U N K U N I A
Y Q L W Y C U N I H J X X S
```

KOKOSẸ	ORI
EJE	OKAN
EGUNGUN	ABA
OGBON	ORUNKUN
CHIN	ESE
ETI	ENU
IGBALA	ORUN
OJU	IMÚ
ÌKA	EJIKA
ỌWỌ	ARA

52 - Musical Instruments

```
G S M H T S T M O A J J H T
O C C O A A R I K T K J Y R
N S U A M X U E J O G V Q O
G T W H B O M A R I M B A M
R V J F O P P V O V E I B B
L I L L U H E B F O G G U O
T O B T R O T K W Ú H O L O
C L A R I N E T B A N J O N
Q I T C N E P I A N O B O E
Z N R D E C D I S I B Q Z I
M A N D O L I N S V H T C J
G U I T A R L D O W Q A H B
T K I A G L K O O Ì L U R Q
T Q B R D B A L N K J E U P
```

BANJO	MANDOLIN
BASSOON	MARIMBA
CELLO	OBOE
CLARINET	PIANO
ÌLU	SAXOPHONE
FÚN	TAMBOURINE
GONG	TROMBOONE
GUITAR	TRUMPET
HARP	VIOLIN

53 - Fruit

```
B  À  J  Á  R  À  B  Ọ  V  U  H  E  A  C
E  N  B  L  M  F  Z  D  S  L  Y  G  G  S
R  E  A  P  U  L  M  G  U  A  V  A  B  R
R  C  P  P  I  H  A  O  Y  I  N  B  O  Z
Y  T  A  M  A  N  G  O  U  B  I  I  N  G
K  A  P  D  E  J  K  W  Ṣ  Z  O  D  D  L
Y  R  A  Q  E  L  E  O  Ẹ  X  A  C  H  Ẹ
G  I  Y  K  Y  T  O  R  Ẹ  K  F  I  F  M
V  N  A  Y  A  I  G  N  R  A  I  W  H  Ọ
V  E  V  U  J  F  E  L  I  Y  A  W  Z  N
U  M  V  E  V  B  D  V  R  K  V  K  I  U
A  G  H  E  X  Z  E  S  O  P  I  S  H  I
O  L  O  U  T  M  R  E  S  O  P  I  A  B
Y  V  O  P  E  O  Y  I  N  B  O  J  B  S
```

APU	LẸMỌNU
PIHA OYINBO	MANGO
OGEDE	MELON
BERRY	NECTARINE
ṢẸẸRI	ỌSAN
AGBON	PAPAYA
EEYA	ESO PISHI
ÀJÁRÀ	ESO PIA
GUAVA	OPE OYINBO
KIWI	

54 - Virtues #1

```
O E S V H B I A L A I S A N
M M E Y M V R O L O G B O N
I Y A N U O A W K T L E E M
N O K S T J N J I E T O L C
I Ṣ Ẹ Ọ N A L T Y W I P W B
R M Ọ D W G O V A U U E U O
A E O C K Ẹ W J N R E L W H
D T R Z Y ´ O M I E R U O B
L H Q E Z G Q A N A E U U B
Ì F Ẹ ´ R Ẹ ` Y U U H E D Y
O D Y Q K ´ I W Ọ W Ọ R Ọ F
U S S I K G A L A G B A R A
V O U K K Ẹ A B O S Y H Y H
W F X M H ´ F I J R R B U O
```

IṢẸ ỌNA	IRANLOWO
PELU	OMINIRA
MỌ	IWỌWỌRỌ
IYANINU	ÌFẸ́RẸ̀
IYANU	ALAISAN
ALAGBARA	IWULO
EWURE	GẸ́GẸ́GẸ́
OLOWO	OLOGBON
RERE	

55 - Kitchen

```
I  J  Z  A  H  X  O  G  I  Q  D  Q  E  Z
F  Z  U  T  L  K  B  R  T  F  V  I  R  K
Ọ  I  H  G  F  R  E  I  Í  F  O  R  K  S
R  B  R  I  U  M  K  L  C  K  V  V  L  F
Ọ  C  T  I  O  C  A  L  H  F  Ò  J  E  A
W  J  H  Z  S  H  N  D  O  Y  K  J  Y  O
Ọ  G  O  A  S  A  R  A  P  R  O  N  W  T
R  R  I  C  L  A  I  N  S  D  D  E  G  O
Ọ  V  J  R  K  V  N  A  T  E  S  R  R  X
O  U  N  J  E  L  K  P  I  X  G  O  A  S
F  I  L  A  N  A  A  K  C  J  H  M  D  F
W  Q  E  W  R  H  N  I  K  Y  S  D  I  G
W  V  X  T  A  W  O  N  S  I  B  I  R  Q
G  W  S  O  R  K  C  T  U  K  M  C  O  A
```

APRON	OBE
EGO	NAPKIN
CHOPSTICKS	ADIRO
OUNJE	ILANA
FORKS	IFỌRỌWỌRỌ
FIRISA	ORÍKÒ
GRILL	KANRINKAN
JUG	AWON SIBI

56 - Art Supplies

```
R  J  G  H  M  Y  F  H  K  K  Y  D  A  J
V  X  X  E  P  O  Ọ  X  Q  K  L  K  I  Z
I  K  K  A  M  Ẹ  R  A  R  J  X  A  M  O
Z  N  J  S  R  M  Ọ  O  Z  T  J  L  V  K
B  A  K  E  F  D  Ẹ  Q  J  J  A  E  Q  D
K  U  J  L  V  A  Y  X  R  K  C  B  O  A
I  W  E  Ẹ  Z  T  D  B  A  C  R  O  L  G
C  I  R  D  T  M  À  U  F  Z  Y  M  S  E
M  G  J  Á  G  G  W  H  R  C  L  I  Y  X
A  G  B  A  R  A  Ò  M  A  E  I  D  O  J
Q  Ú  X  È  W  L  R  I  B  F  C  G  C  X
Z  N  W  Y  R  J  Ò  U  C  C  O  K  S  B
H  R  J  D  A  Ò  J  H  G  L  E  J  Y  J
C  Q  A  B  S  R  J  C  Y  R  O  T  F  R
```

ACRYLIC	GÚN
FỌRỌ	ÈRÒ
KAMẸRA	INK
AGBARA	EPO
AMO	IWE
ÀWÒRÒ	TABLE
ẸDÁ	OMI
EASEL	

57 - Science Fiction

```
T V O C X M K L I T A I I W
Q Y U Y Z Q Z Á V T F N Q B
K Ẹ M I K Á L Ì O T A A O C
F K F O R C C L I W E N Y D
A S I R I O B Ẹ Q Y A W J W
N E Q A K K B ` U A G I R M
T H Y C A Y E O K I Q M X J
A B A L A R A L T J Y Ọ G X
S U J E X T H Z C S L Ẹ A T
T G T D I S T O P I A R L L
I B G O J O I W A J U Ọ A W
C A H H P L A N E T K X X Y
W M O X C I N E M A D H Y S
R U S Y X F A A T O M I K A
```

ATOMIKA	GALAXY
IWE	ITAN
KẸMIKÁLÌ	ALARA
CINEMA	ASIRI
DISTOPIA	ORACLE
BUGBAMU	PLANET
LÁÌLẸ̀	ROBOTS
FANTASTIC	IMỌ-ẸRỌ
INA	UTOPIA
OJO IWAJU	AYE

58 - Kindness

```
K U B A B S I D H B L Ọ G H
Y A S S R O F L R F C ` E T
A L E J O O E O K V I W K O
L M K Q B T R X K E I Ọ K L
A L Á N U O A S R U T ` X O
Y G F H I O N A O D O D O W
O Ẹ I X R R U U L V Y Q K O
W ´ I O A E K U G A E Z M Z
K G R L N S S B E O I T V F
E Ẹ A B L S F B O K X S K Y
I ´ N X O X V G V Z Q W A W
U G D T W B I G B I G B A N
W Ẹ G O O U F Z V L G X X W
L ´ H V R A C D Z U Q E B B
```

FIIRAN
ALÁNU
ORE
OLOWO
ODODO
ALAYO
IRANLOWO
OOTO

ALEJO
IFERAN
ALAISAN
GBIGBA
GẸ́GẸ́GẸ́
ÒWỌ̀
OYE

59 - Airplanes

```
E M G Q Y L F O Ì G Q J X E
V C I B A L Ẹ X A W Z I X N
A A S P I L O T T T Á C V G
S G Ọ I A F F A M V H Y L A
K B K F M E I P O I Z Z Ì N
Y A A I Y E T Ẹ S T Z Q D N
W R L L R G A P O C X G B
E A E M L O N Ẹ H J M Z I B
Y C R E W O I U E U B B G K
O E Ò F E A O L R A R A A M
N G L K E X W N E N I Y A N
U F R Q Ò H I D R O G E N G
H T M D D R K O Z Y Y M U Z
H G O R Y Y R Y Y X B E A E
```

ÌWÁYÌN	ENGAN
AIYE	EYONU
AGBARA	GIGA
ATMOSPHERE	ITAN
BALLOON	HIDROGEN
ÒKÒ	IBALẸ
CREW	ENIYAN
ISỌKALE	PILOT
APẸRẸ	SKY
ITOJU	RARA

60 - Ocean

```
O D E J A T B Q R J V J I J
C L J Ò G Y Ì N X X O Z G E
J O A K A N W J C L A V O L
L M S Ú H D Y Ì R I B X Y L
H A H N E Y H K G T F I L Y
I V A T U N A A T B Y J U F
E O K U N R I N U K À I Q I
J V I G B O Y R R O Q G H S
R E E F Y R Ọ I T R T D B H
D O L P H I N N L A E E L À
A W Ọ N E D E K E L B W J B
H X C S L W H A L E U V T W
L A Z Z D Y V N R I T G B K
S Y M K W D X Z S L R W C T
```

OKUNRIN	ÒKÚN
KORAL	EJA SHAKI
AKAN	AWỌN EDE
DOLPHIN	KANRINKAN
EEL	IJI
EJA	ÌGRÀGBÀ
JELLYFISH	TUNA
ÒGYÌN	TURTLE
REEF	IGBO
IYỌ	WHALE

61 - Birds

```
S  F  G  Q  L  E  S  O  P  W  E  T  V  E
W  U  U  Z  E  Y  T  L  E  A  G  O  Y  G
W  S  T  Y  J  E  O  O  L  M  T  U  F  F
Y  Z  Z  R  Z  L  R  G  I  U  Z  C  W  L
H  E  R  O  N  E  K  O  C  I  I  A  A  V
D  J  G  O  O  S  E  Ṣ  A  F  D  N  Z  M
X  S  I  B  J  W  Z  Ẹ  N  L  F  Ì  X  V
R  B  R  H  E  E  L  P  E  A  C  O  C  K
B  B  U  K  G  T  M  S  T  M  D  I  I  A
Ẹ  Y  I  N  S  W  A  N  L  I  H  I  I  N
O  S  T  R  I  C  H  W  G  N  X  U  Ẹ  A
P  E  N  G  U  I  N  V  C  G  F  S  T  R
K  O  W  O  P  A  R  O  T  O  R  R  X  Y
C  U  C  K  O  O  A  B  A  Y  D  Y  Q  D
```

KANARY	HERON
ADIẸ	OSTRICH
KOWO	PAROT
CUCKOO	PEACOCK
EYELE	PELICAN
EGBETA	PENGUIN
IDÌ	OLOGOṢẸ
ẸYIN	STORK
FLAMINGO	SWAN
GOOSE	TOUCAN

62 - Art

```
Ì  S  Á  Y  É  E  D  M  R  G  A  D  K  A
B  K  O  K  O  Ọ  R  Ọ  B  M  Y  S  G  L
Z  X  G  O  V  L  Z  E  E  R  A  W  L  T
I  R  Ọ  R  Ọ  R  U  N  I  P  A  L  B  J
S  Ṣ  O  J  U  C  H  E  W  O  O  T  O  I
E  A  E  Q  T  A  M  I  M  F  R  A  E  Ṣ
R  W  E  S  U  R  R  E  A  L  I  S  M  Ọ
A  U  M  B  I  J  S  Q  X  A  G  M  T  R
M  R  D  M  C  S  Z  U  B  V  I  X  Z  Ọ
I  E  X  Y  K  V  I  F  Q  R  N  Q  Y  X
C  I  K  J  A  X  E  D  O  B  A  X  B  J
Q  O  J  A  T  G  B  W  M  Y  L  X  T  H
U  J  H  Y  M  J  H  Q  I  V  S  H  A  M
S  I  O  M  S  I  E  U  J  Z  B  G  U  L
```

SERAMIC   EWI
IṢỌRỌ   ERE
AWURE   RỌRỌRUN
ÌSÁYÉ   KOKO-ỌRỌ
OOTO   SURREALISM
NIPA   AMI
IṢESISI   OJU
ORIGINAL

63 - Autumn

```
X  S  Q  Q  Y  O  J  B  A  L  S  E  C  Z
A  A  U  E  H  M  Z  K  E  A  I  Q  T  U
O  J  O  R  W  R  T  U  B  I  W  U  I  Q
I  J  Q  X  J  S  T  F  Y  B  D  I  E  E
A  C  O  R  N  V  B  E  E  V  K  N  D  M
Y  B  D  S  T  Z  G  Q  M  S  G  O  A  T
A  S  O  W  U  I  N  A  G  I  I  X  M  H
S  R  C  U  U  A  P  P  L  E  O  N  H  J
I  C  M  F  A  M  F  B  G  W  S  Y  U
S  D  Y  M  F  J  B  B  R  C  V  K  W  A
E  H  D  Y  E  X  S  Q  F  O  C  H  J  I
T  U  A  E  F  O  C  X  A  F  S  U  U  M
W  D  E  X  E  R  D  C  O  V  G  T  B  T
I  Ș  I  Ș  I  P  O  O  R  C  H  A  R  D
```

ACORN	FROST
APPLE	IȘIȘIPO
AYA	OSU
AFEFE	EDA
ASO	ORCHARD
EQUINOX	ASISE
ESIN	OJO
INA	

64 - Nutrition

```
I  F  Á  À  V  G  B  G  D  I  B  C  H  I
Ṣ  W  L  A  W  Ọ  N  K  A  L  O  R  I  L
Ẹ  Q  O  S  U  Ọ  C  D  R  I  K  V  J  E
´  E  R  N  T  H  N  V  A  D  Ọ  T  R  R
Y  Z  Í  X  T  A  H  P  A  Y  R  S  J  A
V  D  K  D  T  U  C  D  Í  R  I  I  I  T
L  I  Ò  U  T  T  N  X  B  R  N  H  Ì  D
E  G  T  I  C  J  L  W  F  S  É  I  W  M
N  E  Ò  A  L  C  R  R  O  L  D  T  Ò  B
I  S  J  L  M  O  M  I  U  N  L  D  Ì  H
Y  T  Ò  A  U  I  U  Y  N  W  S  E  E  N
A  I  R  S  T  D  N  R  J  Z  I  I  C  Z
N  O  Ò  O  X  C  F  J  E  P  E  J  Z  A
C  N  L  J  T  I  T  T  L  L  G  S  F  G
```

ENIYAN	ILERA
IWONTUNWONSI	OMI
KỌRIN	ÀWỌN PÍRÉTÌN
AWỌN KALORI	DARA
OUNJE	OSU
DIGESTION	ORÍKÒ
JEPE	ÒJÒRÒ
IFÁ	VITAMIN
ALASO	ÌWÒ
IṢẸ́	

65 - Hiking

```
I  E  T  Ẹ  D  X  W  R  Q  R  A  W  H  J
G  P  A  R  K  S  U  N  L  L  J  Q  Z  S
B  Ì  P  A  R  Á  H  A  E  A  E  C  Q  H
O  F  R  N  G  S  C  L  T  Y  H  F  S  C
M  K  L  K  E  U  M  I  O  F  F  T  U  A
I  G  U  O  R  I  E  N  T  A  T  I  O  N
O  B  B  T  W  F  T  Z  Y  À  G  B  À  R
A  J  Z  Q  A  F  E  F  E  O  Y  Ò  K  E
E  R  O  S  B  G  U  D  B  M  L  T  X  O
D  W  Á  E  R  U  M  A  P  M  O  Ò  Z  A
A  D  U  N  M  D  Q  Q  V  G  R  W  E  T
O  V  Z  H  Ú  T  F  I  S  Q  K  Z  G  L
J  K  A  O  U  G  B  Q  F  G  K  D  M  D
L  E  G  X  M  W  R  U  X  Z  B  O  Y  K
```

ẸRANKO	PARKS
BÒTÒ	ÌPARÁ
ÀGBÀ	OKUTA
AFEFE	SUN
ERU	ARÁNÚ
MAP	OMI
ÒKE	OJO
EDA	IGBO
ORIENTATION	

66 - Professions #1

```
I  U  K  P  O  A  W  Ọ  R  Ọ  W  Ọ  R  Ọ
Z  K  J  I  I  L  F  I  O  Z  C  E  O  O
Ò  K  Ú  N  O  A  O  L  O  H  U  N  L  L
A  T  S  Ọ  N  D  N  F  J  O  B  E  U  O
G  R  O  Ọ  I  Ó  B  I  I  J  T  Q  K  R
E  V  G  S  J  K  Z  C  S  N  T  Z  Ọ  I
O  A  U  I  O  Í  S  Q  W  T  Q  I  N  N
L  L  N  W  V  T  E  L  U  S  A  I  I  R
O  Á  O  A  A  À  V  X  I  R  G  X  W  V
G  N  G  O  N  Í  N  Ṣ  Ẹ́  B  Ò  K  Ò
I  Ì  B  R  T  M  X  W  E  H  A  Z  M  F
S  Y  O  P  L  U  M  B  E  R  Y  Q  K  O
T  À  O  D  E  F  L  S  W  V  E  Q  A  R
J  N  E  A  A  M  B  A  S  S  A  D  O  R
```

AMBASSADOR	ODE
AWỌRỌWỌRỌ	OLOHUN
AGBAYE	OLORIN
ONÍNṢẸ́ BÒKÒ	NỌỌSI
ALÁNÌYÀN	PIANIST
OLUKỌNI	PLUMBER
ONIJO	OLOFIN
DÓKÍTÀ	ÒKÚN
OLOOTU	TELU
GEOLOGIST	OGUN OGBO

67 - Dinosaurs

```
I  A  U  E  O  W  H  O  C  H  S  À  J  Ì
R  T  L  O  F  D  W  G  B  E  J  S  H  S
U  Q  O  A  R  B  J  B  U  R  E  Á  K  Á
O  A  T  J  G  I  I  O  E  B  E  À  M  Y
J  Q  O  F  U  B  D  N  F  I  R  S  A  À
E  R  B  H  T  Y  A  H  H  V  M  Ẹ  M  N
V  R  I  Q  Z  X  G  R  H  O  A  `  M  S
W  D  P  Z  J  J  B  E  A  R  Y  L  O  J
G  D  U  R  F  M  A  P  W  E  E  Ẹ  T  M
S  Y  P  K  Q  I  S  T  W  R  Z  `  H  Q
F  A  O  U  F  B  O  I  I  U  Q  O  Y  H
K  G  H  N  L  A  K  L  X  Y  T  I  R  R
L  S  U  F  A  E  E  E  C  B  Ẹ  E  S  A
U  I  N  O  M  N  I  V  O  R  E  T  W  A
```

ÌSÁYÀN	ALAGBARA
AYE	ÀSÁÀSẸ̀LẸ̀
O TOBI PUPO	OGBON
IDAGBASOKE	REPTILE
HERBIVORE	ITOJU
NLA	IRU
MAMMOTH	OHUN
OMNIVORE	IYẸ

68 - Barbecues

```
F  O  R  K  S  D  Ì  D  Í  L  É  U  Q  C
S  S  R  M  J  F  C  S  V  C  C  X  C  Y
V  U  B  E  W  E  Y  S  M  I  O  X  T  T
Z  E  J  B  T  T  M  A  D  G  R  I  L  L
A  A  D  I  Ẹ  O  B  E  W  Z  W  C  Y  J
T  O  M  A  T  O  O  S  U  S  U  E  I  Ọ
K  U  F  T  S  S  U  J  R  O  O  X  R  Z
A  N  O  J  A  D  E  D  E  S  U  K  A  E
J  J  R  R  L  H  S  O  R  I  N  M  Y  G
U  E  K  Q  A  X  O  M  O  U  J  R  S  L
C  U  F  S  D  G  B  O  N  A  E  J  F  D
D  Q  O  U  I  X  V  D  Y  R  A  L  Z  B
I  L  M  S  K  H  F  E  U  Y  L  F  I  M
O  C  M  X  R  H  H  C  T  X  E  F  D  K
```

ADIẸ   GBONA
OMODE   EBI
OUNJE ALE   OBE
ÌDÍLÉ   ORIN
OUNJE   SALADI
FORKS   IYỌ
ORE   OSU
ESO   OSUSU
ERE   TOMATO
GRILL   EWE

69 - Surfing

```
O J O F T G A Ò K Ú N A R A
L I H Z V L G C Z R L L F H
Ó Y N G H G B A J U M O O D
R A J U Q E A I G B O D A M
Í R I W Q A R E E F U N M G
H A Q C E T A E T C I G V R
C B H X K W K X M O F S Y W
O U J L C E L E R E O J D H
S L E T H X Á I U W D K W H
V H O C B T Ì Y L X F T U B
V W M G A Q L J W W V O H N
H B S A B V Ẹ I K Y S R Z S
E E I F D O ` G D F Q F I R
J E K G A V N R J Q K V A Q
```

ELERE	GBAJUMO
ETO-OKUN	REEF
OLÓRÍ	IYARA
OLOGBON	INU
LÁÌLẸ̀	AGBARA
FOAM	ARA
FUN	IGBO
ÒKÚN	OJO

70 - Chocolate

```
A  W  Ọ  N  K  A  L  O  R  I  B  H  E  V
T  C  M  B  F  W  V  E  U  Z  H  J  P  S
D  U  N  U  A  I  B  D  C  S  U  G  A  R
A  D  I  K  K  J  O  Z  S  Z  O  R  G  V
R  E  K  Q  O  Z  Z  V  Z  F  V  T  B  T
A  N  A  Y  A  N  F  Ẹ  I  J  A  W  O  R
A  G  R  V  F  M  R  G  A  L  M  U  N  T
L  E  A  N  T  I  O  X  I  D  A  N  T  Q
A  R  M  E  C  T  Z  K  L  O  A  N  G  K
S  E  E  X  F  K  Z  K  Z  L  R  T  A  Ọ
O  M  L  O  P  O  W  E  R  O  T  S  J  R
F  K  L  T  D  R  S  R  D  H  A  Ẹ  X  I
Y  H  Q  I  Y  R  Y  Q  K  U  B  V  N  N
S  E  O  C  A  C  A  O  L  N  L  L  H  U
```

ANTIOXIDANT	ALASO
KỌRIN	ENGERE
CACAO	EPA
AWỌN KALORI	POWER
KARAMEL	DARA
AGBON	ILANA
OLOHUN	SUGAR
EXOTIC	DUN
AYANFẸ	TẸNU

71 - Vegetables

```
P  T  U  L  S  X  O  S  T  S  Q  C  T  O
K  A  C  T  I  T  M  Z  O  E  W  A  U  W
Z  T  R  R  J  L  R  Q  M  L  K  A  N  W
J  A  E  S  L  M  J  E  A  E  U  B  I  I
L  O  M  O  L  I  L  I  T  R  I  S  P  S
S  A  L  A  D  E  F  J  I  I  G  B  A  H
R  A  D  I  S  H  Y  K  U  K  U  M  B  A
H  A  H  L  W  K  F  A  H  A  T  A  F  L
E  L  E  G  E  D  E  R  A  L  T  A  G  O
H  T  F  O  E  Y  L  Ọ  T  U  Ẹ  O  A  T
G  S  U  I  G  L  O  Ọ  A  B  W  F  U  I
O  I  M  Q  H  U  T  T  L  O  W  O  Ọ  T
X  U  Q  G  X  C  T  I  Ẹ  S  V  A  U  Y
A  T  I  S  H  O  K  I  J  A  V  V  Y  Z
```

ATISHOKI	ALUBOSA
ẸFỌ	PARSLEY
KARỌỌTI	EWA
SELERI	ELEGEDE
KUKUMBA	RADISH
IGBA	SALAD
ATA	SHALOTI
ATALẸ	OWO
OLU	TOMATI
OLILI	TUNIP

72 - Boats

```
N C O K U N K I R A V F C F
A A B I K U C Y G T F E X O
U N U Q L F O D O B Y R C F
T O O C J J W S K H O Y Q Y
I E Y A C H T L O Y G U D U
C R E W X A I A Y B D I Ì B
A S C K M I Ò K Ú N T I D E
L L E Q K A K E K M M B Á B
X C O N E S S K A D G X K I
L Q E T G S H T Y D V A Ọ R
G M M M G A F K A U V S ` A
I W U D K Z N H K Y X O R F
Ọ K Ọ R Ọ Ọ K Ọ R Ọ D I Ó T
V M B O D X Z X I Z M G I L
```

ÌDÁKỌRÓ

BUOY

CANOE

CREW

ENGAN

FFRY

KAYAK

LAKE

MAST

NAUTICAL

ÒKÚN

RAFT

ODO

KIRA

ỌKỌRỌ ỌKỌRỌ

OKUN

TIDE

IGBO

YACHT

73 - Driving

```
A R W M O G A R A G E C M T
W S R J N F W H C L M T W U
O L O P A L Á G B Ẹ ` C R N
U Ọ F X Y D V K U F L V H N
C K C C Y F T R H F X U C E
V Ọ F I S I I G B A N A R L
E A O J Y J A L U P O L V Y
D Y P H G A E B D W Y Y M C
X Ọ O Y A M R K R M A P O J
H K P N S B S A W A K O T I
I Ẹ O S U A A B O Š K V O J
B L N F I S Z D Q Ẹ Z E J A
Y Ẹ A Q T A A Z X A T T S P
S L A V S Z F V A A Z T F A
```

BRAKES	ALÁGBẸ
IJAMBA	OLOPA
AWAKO	ONA
EYONU	AABO
GARAGE	IYARA
GAS	OPOPONA
AŠẸ	IJAPA
MAP	IGBANA
MOTO	ỌKỌ AYỌKẸLẸ
ALUPO	TUNNEL

74 - Professions #2

```
D S O L O F I N O A O M E A
G Á E L K A S T R O N A U T
V F N A Ó U Q A Í Ṣ Í O B L
X K G Í K D Z U K Ẹ Ṣ R F I
O D I B T O Ì B Ì R Ẹ T J B
L K N J K Ì R N K Ẹ Ṣ F T R
R Z J F S O A O B J Ẹ A J A
F R I X X L W L Y S C L M R
O L O G B O O U G I A A O I
G T J H E G R W K S N Y R A
O L U K O B A A C T A E V N
O S E M W O N D C R E W X M
O N Í K Ú N X I I C X A Q K
P I L O T O N I S E G U N B
```

ASTRONAUT	LIBRARIAN
OLOFIN	OLÓDÌN
DÁNÍTÌ	ORÍKÌ
OṢẸRẸ	AWORAN
ENGINJI	ONISEGUN
OLOGBO	PILOT
OLOGBON	OLUWADI
ALAYE	OLUKO
ONÍṢẸṢẸ	ONÍKÚN
AKOROYIN	

75 - Emotions

```
Z  Ì  E  I  W  Ọ  R  Ọ  I  R  E  Y  T  A
M  B  U  F  B  Ì  Ṣ  Ì  Ṣ  Ẹ́  O  J  D
I  À  A  E  I  E  Z  I  T  D  H  M  W  U
J  N  Y  R  F  B  R  C  R  Q  J  U  T  P
P  R  Ú  O  A  Ọ  L  T  U  T  U  T  U  R  E
L  J  H  N  R  U  F  U  T  L  U  H  E  V
W  Ẹ  R  I  Ọ  U  Q  Ì  B  Í  N  Ú  E  I
A  ́  R  K  W  T  U  S  I  N  U  A  N  U
W  L  L  K  Ọ  V  G  X  J  T  F  O  K  X
O  Q  A  A  R  A  M  V  T  L  X  R  H  Y
S  O  E  F  Ọ  R  H  K  X  V  R  W  G  C
C  T  R  E  Ì  T  E  L  O  R  U  N  Z  U
Z  I  C  E  C  A  T  U  R  X  Y  Q  Y  A
A  K  O  O  N  U  Y  G  Z  Q  Z  G  W  X
```

ÌBÍNÚ	IFERAN
ÌṢÌṢẸ	ALAFIA
TÚTÙTÚ	ÌBÀNÚJẸ́
AKOONU	ITELORUN
IBERU	INU ANU
ADUPE	IWỌRỌ
AYO	IFỌRỌWỌRỌ
OORE	

76 - Mythology

```
A H X A O I J A L A D Z A Ẹ
R K Z M Z G Q Ò R Ì S À R D
A I O À V B A S A Z Z L C A
Z L R N L A B Y R I N T H D
B S U À I G Z U O Ò K Ú E A
I W N M B B À Ì W Ò R Ò T L
T I K Á E O K F U Y U S Y W
V D K N G B Ẹ S A N W S P V
G Q M Á O À L À Y É U Q E D
U O L O G B O N I R U F I W
M I E B Y E I K Y W O C Y C
A M R L K D X R M A A U I Z
F B G W X A A M I M H Z D M
J B E T Z V Y O D N C O I J
```

ARCHETYPE   AÌWÒRÒ
IWA   OWU
IGBAGBO   LABYRINTH
ẸDADA   ÀLÀYÉ
EDA   MÀNÀMÁNÁ
AṢA   OBIRIN
ÒRÌSÀ   ÒKÚ
IJALA   GBẸSAN
ORUN   ARA
AKONI   OLOGBON

77 - Hair Types

```
R I T G C K X T Z V E W D F
M W A E R U H S I L E R A U
V B Z I F R J Y R N O C N N
D I E D W U S H Ọ I R H D F
L E V K J C K I R P Q I A U
Z K S O I T C E Ọ Ọ V Y N N
G F E O D S H I E N T L O V
Ú R S Z L D U D U W I Ṣ H D
N K A W O L A W V U C U L S
O S P Y J L L O S T J P W H
F T Á F A D A A R D X Ọ G W
S Ú F A C Y W G G B E Z W A
L D N T T O U B L O N D H Z
A R X I I G N A F U Z B D Y
```

APÁ   ILERA
DUDU   GÚN
BLOND   DANDAN
FÚN   KURU
ALAWUN   FADA
AWO   RỌRỌ
CULS   NIPỌN
ṢUPỌ   TINRIN
GGBE   FUNFUN
GRAYAY

78 - Furniture

```
A G B A R A A G B A Y E S X
T K B E D I B U S U N K X V
U K E T C F D D I G I Z Y Y
P F U T O N Q I X O M I J H
A H Y T E C M X S R C B O C
J W B S V C E I M O Y U C B
F X Q U X F A E Y T K J K Z
M K L K Y D F I D U R O Q H
Q R L O U A W U R E U K O F
O V L S W I I J O Ọ G O I O
G W Y D Z D R Y X W R H D G
Y S H A M M O C K E Z Ọ Y V
R Q Y K S T L C H A K C V Y
G O O L C C S C I L R G W Y
```

BED   HAMMOCK
IBUJOKO   ATUPA
AGBARA   IBUSUN
AKETE   DIGI
AWURE   IRORỌ
IDURỌ   RUG
IDISO   AGBAYE
FUTON

79 - Garden

```
L Ò D O D O J A A E G X Q J
V J X L W C E Q S F U S W A
D E M X B T W E A Z R C U L
R X B Y B O Q Z V T Y A K Z
G R G J C E F B T A Y G I L
T E R R A C E H A M M O C K
I O F I N S Q B K H O S E O
G B I L A N A U F G M D W R
U M U O I I T S M A I G I I
U R R J Ọ H B H T R O M K K
B G A I O G O K O A M X L O
V O K L B K B S Q G I X I I
O E E E U G O À M E I G B O
T R A M P O L I N E F F B S
```

IBUJOKO	OMI OMI
BUSH	ILANA
ODI	RAKE
ÒDODO	OKO
GARAGE	ILE
ỌGBÀ	TERRACE
KORIKO	TRAMPOLINE
HAMMOCK	IGI
HOSE	IGBO
OFIN	

80 - Birthday

```
D V F L U H M U B I V F Y D
X Z T I O O Q F C M O H Q C
Z O X K V Q A X O I D I Z C
Z A J O Y O D I E R O A S Y
M F L J D F G J C U E K K B
K S Q O F U C A L S J A A S
O R I N M N N H V Y W R L X
A G B A L A A A G O L A Ẹ Z
P A T A K I L V F F Q O N Z
J E O D E M D A T S J Y D L
E Z G W S T W Y Y D D I A L
B I B E I Z T F U O D N R Q
U A O O P W B H D R H B J L
N G N J E O O I T U B O A A
```

BI

AKARA OYINBO

KALẸNDA

AGBALA

AJOYO

OJO

ORE

FUN

EBUN

ALAYO

IPE

ORIN

PATAKI

AAGO

OGBON

ODUN

ODO

81 - Beach

```
Ọ L A D V U J O G U N I F A
K G A E Z M Y B K K Y R O O
Ọ E I G A W C W S U N R F J
R A S B O G R C V O N Z Z D
Ọ K I E R O B S L K X R I W
Ọ A N E Í F N O V U H E I A
K N M K L F J T O N K E O N
Ọ W I U Ẹ X A O R R V F L B
R U G N ` Z O W F T U O X W
Ọ F U K È E A E E Q M N B K
M D D G D Q U L Ò K Ú N U Q
T F R D È I Y A N R I N L V
S I B L Z G T R C O G S U B
F Q Z C M E Z V U Y E H F S
```

BULU

OKUNRIN

EGBE EKUN

AKAN

ORÍLẸ̀-ÈDÈ

LAGOON

ÒKÚN

REEF

ỌKỌRỌ ỌKỌRỌ

IYANRIN

OGUN IFA

OKUN

SUN

TOWEL

AGBOORUN

ISINMI

82 - Adjectives #1

```
E W A J R Ò I G B A G B Ü P
I X Q C G O Y W G G T C B A
Ṣ M O Q Q S C Ì I L E X J T
Ẹ M K T Z I R A N L O W O A
Ọ X U I I Q O L I L L Q Q K
N M N N R C J A W A O F R I
A W K R S U U Y U D W K E F
W C U I Q Z M O L O O X Y A
S L N N N S O M O L E W W Y
V Q I O L B L L O J R J S A
L D B J A B Ọ O T X U J U N
K D L H H W R S O R S J B I
X E A R O M A T I C S Z U H
R X W R Y G W W Q E E M F B
```

OJUMO	ERU
OJU-JU	IRANLOWO
AROMATIC	OOTO
IṢẸ ỌNA	NLA
IFAYANI	IGBAGBÜ
EWA	PATAKI
OKUNKUN	ÒYÌN
EXOTIC	O LỌRA
OLOWO	TINRIN
ALAYO	NIWU

83 - Rainforest

```
E Y E D A D Y A D H B Ò O Ọ
O K B N I W U O E H U K L `
N S O R I S I R I S I Ò O W
Í J T I M F V C T F Z R G Ọ
L E A B P O K A O I U Ì B `
Ẹ R N S R A S O J B I N O X
` S I J Q Q D S U O G W N S
Y V C W S T G A W S B A C H
Ì H A A W U J O D Y A A M O
N U L A S A B O A A L V Z C
A F E F E Y O C C W A Z Q J
C C M R H G O E F K U I R J
T T J T F U Z T H O Y R V I
R U D D G A Z D I X V S E V
```

EYE
EBOTANICAL
AFEFE
AWURE
AWUJO
ORISIRISI
ONÍLẸ̀YÌN
ÒKÒRÌN
OLOGBON

MOSS
EDA
ITOJU
ASABO
ÒWỌ̀
IPADADA
IGBALA
NIWU

84 - Technology

```
D B O K Q A Z Y K R I G Ú N
B J D K H Z Q Y A A N E X S
Y L F Z G Z J B M H T F G S
D W O C B S K R Ẹ T E L A Q
R F H G F I S B R W R F Ṣ I
I R M M U Y Q O A E N I À H
F A A B O H S J F I E L W S
O R O M V S B L X T T E Á S
I C I D I G I T A L W D K E
I W A D I J V J J Z M A I U
Ṣ B K Ọ M P U T A H F T R T
I T O M F Y S Q G D C A I E
R D K J O F O J U T O R H S
O Y Z I U F E T R Q A O R V
```

BLOG	INTERNET
AṢÀWÁKIRI	ORO
KAMẸRA	IWADI
KỌMPUTA	IBOJU
IGÚN	AABO
DATA	SOFTWARE
DIGITAL	IṢIRO
FILE	OFOJUTO

85 - Landscapes

```
O G S F V I F K G X R K W I
R E V Z V M O S O A Y D E I
Í Y H A W G D W X J K U T U
L S X V O L C A N O O D O T
Ẹ E K T A A H M Ṣ L B D O U
` R G Q S C E P J Á U Y K N
È W F J I I B X B E L K U D
D Y I G S E Ò K Ú N B Ẹ N R
È E Y D G R O R Í K Ú N ` A
P E N I N S U L A I K Ú N U
O M I D M H X O A D K S J R
E V K M K Ò K È K K E M X T
U S Y F W K O E B U E K X C
D J V I C E B E R G N I R O
```

ETO-OKUN   OASIS
IKÚN   ÒKÚN
AṢÁLẸ   PENINSULA
GEYSER   ODO
GLACIER   OKUN
ÒKÈ   SWAMP
ICEBERG   TUNDRA
ORÍLẸ̀-ÈDÈ   ORÍKÚN
LAKE   VOLCANO
ÒKE   OMI

86 - Visual Arts

```
E C I R I S I U H B J H A W
A A H I S S M W K K Z J G W
S Z T A A G A W U R E Ẹ D Á
E C O W L K M U F J W V D Z
L E M O Y K O S D B H V A Z
T V Z R Q G L U Z D I E X C
J W L A T Q O K I L X F E K
J R R N X U R X Q K Q Q D C
R C Y D Y Z I O L Q Ọ J G X
F I L M T A N W L E Q W E J
A Y J J U P T Z S L G A E W
A R C H I T E C T U R E Z A
L B E W E C R N I Y A N U X
T T M A S T E R P I E C E R
```

ARCHITECTURE	MASTERPIECE
OLORIN	IYANU
CHALK	PEN
AMO	IKỌWE
AWURE	IRISI
EDÁ	AWORAN
EASEL	ERE
FILM	WAX

87 - Plants

```
B F X H U C Q M D X V M A I
U A F E R T I L I Z E R G A
S B M Q E B R C O U F W V H
H I G B O I E G B Ò N G B Ò
Q V Ò D O D O R I G I B E C
O Y P F L O R A R X Q R W A
E W E E U D U X W Y I T A C
M F E C T O E H T V M E O T
Ọ G B À D A G B A S O K E U
L G W L S B L Q S T M O S S
G U T V R G I G B E K R M A
Z G G T D S E O S M O I I S
U O L U K J D D T R V K B H
F Q M E J L J I Q F Y O I O
```

BAMBOO
EWA
BERRY
IDODO
BUSH
CACTUS
FERTILIZER
FLORA
ÒDODO
IGBO

ỌGBÀ
KORIKO
DAGBASOKE
IVY
MOSS
PETAL
GBÒNGBÒ
STEM
IGI
EWE

88 - Countries #2

```
G L H T O U F G P L U V J U
H S É D T F K R A I G W E K
D A Q B K D K E K B A K T R
J R I W Á E W E I E N J H A
A B T T W N S C S R D A I I
M L Z R I M Ì E T I A P O N
A F B W Z A Q N A A J A P E
I L C A D R V R N U U N I S
C L L A N K S O M A L I A Í
A K W X J I N E P A L G M R
M E X I C O A G K F L E D I
H L A O S U D A N Q F R C A
V E O U L L U R U S S I A Y
Z R L I I Q A L X J D A S O
```

ALBANIA	MEXICO
DENMARK	NEPAL
ETHIOPIA	NIGERIA
GREECE	PAKISTAN
HAITI	RUSSIA
JAMAICA	SOMALIA
JAPAN	SUDAN
LAOS	SÍRIA
LÉBÁNÌN	UGANDA
LIBERIA	UKRAINE

89 - Ecology

```
W U G Z M A R S H G O L H E
F A U N A I L L H O R S R W
H E L J O U F A R L I C L I
F T G U D H X Q Y A S T J T
Q Q V V Q S G S R E I A E H
A W O N A G B A Y E R K X R
G L I G B A L A U H I M K A
B U X B B M A Q I T S G M A
A B D I L E Q F K D I U Y M
Y D A G F X W L E E G B E O
E Y D B R X A O G F E X K M
Z O E E E W E R S Y E E I I
Z M I X Q E O A U O A D D I
G S Y R F Q J D C L I A L A
```

AFEFE	OMI
AWON AGBAYE	MARSH
ORISIRISI	EDA
OGBE	EGBE
FAUNA	IGBALA
FLORA	ALAYE
AGBAYE	EWE
GBIGBE	

90 - Adjectives #2

```
U D F O J I S E X E E I R E
Y A W U R E I Q S B L L A S
Q R B T O U J G C I E É Y K
E A I A E L N F C N S R B A
T R L A G B A R A P E Z R P
Z R E H A T G M M A Y C T E
F U R D L G O L O K I K I J
X A A Z A G B C M Q B H T U
G B J H I B O O D O D O U W
X H Z G Z E B U N W I Z N E
I Z A G B A R A C A G M O I
E L E D A G W T T F B J V T
G C L O M X U T B I O X T K
H X L A U C Z L W K I U Q I
```

ODODO	AWURE
ELEDA	EDA
APEJUWE	TITUN
GGBE	ELESE
DARA	AGBARA
OLOKIKI	OJISE
EBUN	ILÉ
ILERA	ORUN
GBONA	LAGBARA
EBI N PA	IGBO

91 - Math

```
P W D Y I W B B A K M L E J
A D I G H M D P R D E F X I
R F A F K E L Ẹ I Z M H P O
A D M N F T V R T B Z J O M
L R E V G A X Ẹ H Y E K N E
L E T C S L C J M B D X E T
E T E E I W E C E C Q T N I
L A R Q M M V I T B R S T R
O N V U E F A F I P I N Z I
G G X A T C Y L C S B E W K
R L W T R I I R G C V Z T A
A E Q I Y A K P O L Y G O N
M S G O I T A G B E G B E A
E W V N P A R A L L E L I H
```

ANGLE
ARITHMETIC
AYIKA
DECIMAL
DIAMETER
EQUATION
EXPONENT
IPIN
JIOMETIRIKA

PARALLELI
PARALLELOGRAM
AGBEGBE
PẸRẸ
POLYGON
RETANGLE
SIMETRY
META

92 - Water

```
E Ọ H I O Ọ C X V T J E G O
R R K G C R T U F H Y V G T
U Ọ Y B C Ọ U K T S J A Q R
G R R O B R S T E A M P T H
M Ọ Z O V I W Ọ R Ọ O O M I
F R O S T N R G J R C R M R
O J D Q S K Z L R E B A O R
Y W O H Ò R Ò B A X T T N I
C I Q T K J K X H K G I S G
I A N W Ú E J I J I E O O A
K W N Y N W U Z U K Y N O T
D Y A A I B C Q J E S A N I
W C X I L N I J V E E B U O
I U L K D Ò J Ò U C R S Z N
```

CANAL   ỌRỌRIN
EVAPORATION   MONSOON
OMI   ÒKÚN
FROST   ÒJÒ
GEYSER   ODO
ỌRORỌ   IWỌRỌ
EJIJI   ÒRÒ
YINYIN   STEAM
IRRIGATION   IGBO
LAKE

93 - Activities

```
G W R M E J Z Y Q J R R O J
R Z C S Y G Y C J G Z C E O
L Z Z B C M G C W B C Z X G
H Z R L F T Z B D S B G M O
U I V S W I T A C Z G K B Z
R S K W Ọ G B A O T E R E K
R I L I L B K A L A A J D J
R N M R N A H M O W F H A I
E M U L À G B À G O G E I Ṣ
U I C W R B Y K B R F H F Ẹ
A R A N S O S X O A I J Ó E
Y Y L F H D R G N N Z M A G
V A U T S E W V Z U M L I T
H G J I D A N M O A S X H D
```

IṢẸ	ODE
AWORAN	AFEFE
ÀGBÀ	IDAN
IJÓ	IGBAGBO
EJA	KA
ERE	ISINMI
ỌGBA	ARANSO
HIKING	OLOGBON

94 - Literature

```
I  F  Ọ  R  Ọ  W  Ọ  R  Ọ  W  Ọ  R  Ọ  U
O  R  Í  K  Ì  A  R  I  G  B  A  G  B  Ü
R  Z  A  E  R  O  B  K  F  I  P  G  I  O
E  Y  R  N  K  Z  X  A  E  D  E  M  R  H
L  O  A  C  Z  D  M  D  F  Y  J  G  O  U
F  D  X  G  M  E  F  I  W  E  U  M  Y  N
A  N  E  C  D  O  T  E  U  F  W  E  I  T
I  K  K  F  K  R  I  N  O  V  E  L  N  I
B  X  O  K  À  I  H  G  L  V  W  B  A  N
A  X  R  R  F  K  Z  Y  Ó  A  E  A  R  L
N  U  H  L  I  I  B  V  T  O  K  X  H  E
U  G  Y  R  K  I  Z  K  Í  H  E  S  E  V
J  B  M  Y  Ú  A  O  K  T  C  M  K  C  A
E  O  E  X  N  T  Y  O  Ì  T  I  Q  D  V
```

OHUN TINLE	OLÓTÍTÌ
ANECDOTE	NOVEL
IGBAGBÜ	ERO
FIWE	ORIKI
IKADI	ORÍKÌ
APEJUWE	RHYME
IFỌRỌWỌRỌWỌRỌ	RHYTHM
IROYIN	ARA
IRAN	AKORI
ÀFIKÚN	IBANUJE

95 - Geography

```
I  I  G  M  A  O  Ò  L  D  J  L  R  E  Y
M  X  L  B  D  L  K  E  O  H  W  Q  X  I
K  A  Y  E  I  A  Ú  K  Q  Y  Q  L  A  A
H  T  P  X  X  G  N  S  W  Q  X  Z  A  G
M  L  B  L  U  H  B  K  R  L  R  O  R  B
O  A  G  F  A  I  R  E  V  O  L  R  I  A
G  S  M  X  Z  K  V  Q  Ò  K  E  I  U  Y
Z  I  D  E  E  X  W  F  R  U  B  L  O  E
X  I  M  À  R  I  W  A  I  N  L  E  D  M
Ì  S  H  E  M  I  S  P  H  E  R  E  O  S
L  A  T  I  T  U  D  E  H  U  R  D  R  O
Ú  A  G  B  A  R  A  I  E  G  B  E  X  U
K  X  Q  W  E  L  T  J  A  J  D  L  L  T
L  F  Ì  W  Ọ  `  O  R  U  N  R  S  G  H
```

AGBARA	ÒKE
ATLAS	ÀRIWA
ÌLÚ	ÒKÚN
AGBAYE	EGBE
ORILE-EDE	ODO
GBIGBE	OKUN
HEMISPHERE	SOUTH
LATITUDE	ÌWỌ ORUN
MAP	AYE
MERIDIAN	

96 - Vacation #1

```
S I X X W M Z M A L A K E O
M U O V G E Y L D K Z W Ọ K
M L I R I N A J O W O V K O
T T S T R A M I L E Ọ N Ọ O
I C I A A O K B M S W M A F
K G N G K C N G C D T F Y U
E G M B I Q A I Z B V T Ọ R
T D I O Y W E S R Y A S K U
I A X O E O K X E I F R Ẹ F
I Q H R S Z E D S Z A V L U
K Z U U I D T S O O V J Ẹ M
I T I N E R R Y C Z W J O E
I L Ọ K U R O X T E T O L K
A W Ọ N K Ọ S I T Ọ M U A Y
```

OKOOFURUFU
AKIYESI
ỌKỌ AYỌKẸLẸ
OWO
AWỌN KỌSITỌMU
ILỌKURỌ
IRIN AJO
ITINERRY

LAKE
ILE ỌNỌ
ISINMI
SUITACASE
TIKETI
ONIRIAJO
TRAM
AGBOORUN

97 - Pets

```
H O X H A B A O E K U Z L T
A O C J E F G U M H Q E Y Z
M E O B Y I B N Y F O H I I
S F M A G D A J L Q M R M M
T E W U R E A E D E I O O A
E U L C O Q D Y W Q J Q G W
R E R Q M L O T L L F A U K
F T U T A E A G C D T W N Í
K O L A L D T W A D A C O T
M H I R U E U I L F B U G T
Z G Z B X E G O O F V U B E
K O A B H O I X V N M G O N
P A R O T I Z C K L R O A I
D T D R F J C I A A J A X Y
```

NLA	LIZARD
KOLA	EKU
MALU	PAROT
AJA	AGBA
EJA	EHORO
OUNJE	IRU
EWURE	TURTLE
HAMSTER	OGUN OGBO
KÍTTEN	OMI

98 - Nature

```
Q  J  L  P  F  I  G  B  A  G  B  Ü  L  O
M  Z  C  A  S  M  A  Ṣ  Á  L  Ẹ  `  V  Y
K  I  A  T  B  U  R  A  L  A  F  I  A  I
H  X  C  A  O  B  C  A  O  C  O  J  Y  N
E  W  E  K  D  D  T  H  E  I  G  B  O  G
T  Ẹ  O  I  W  Z  I  I  S  E  R  E  N  E
U  R  H  W  L  X  C  A  Z  R  F  T  V  D
X  A  O  Q  O  Ì  J  Ì  Y  À  N  W  R  B
W  N  G  P  J  D  A  D  E  Y  T  C  Q  E
U  K  W  S  I  B  O  Á  L  D  A  F  V  K
Ẹ  O  F  M  Y  C  V  Y  B  Y  W  J  W  D
W  X  Z  Y  E  R  A  É  B  F  U  H  Q  D
A  X  I  D  G  X  F  L  K  H  R  H  L  E
I  E  Q  T  D  L  Y  G  C  D  E  L  A  A
```

ẸRANKO	EWE
ARCTIC	IGBO
ẸWA	GLACIER
OYIN	ALAFIA
AWURE	ODO
AṢÁLẸ	IGBAGBÙ
ÌDÁYÉ	SERENE
ÌJÌYÀN	TROPICAL
FOG	PATAKI

99 - Championship

```
Ì  F  A  R  A  D  À  W  O  E  Y  O  N  U
Y  Z  I  L  A  N  A  J  L  I  G  X  O  D
V  G  S  N  K  X  W  D  O  M  D  A  L  J
E  G  B  E  A  V  U  O  G  O  G  C  U  I
R  Y  M  S  S  L  I  T  B  R  U  I  K  A
E  O  O  G  E  U  I  G  O  A  G  Ṣ  Ọ  B
L  I  I  Y  J  R  D  S  N  N  C  Ẹ  N  O
D  E  D  I  E  O  A  G  T  C  T  D  I  M
R  M  A  I  I  J  R  C  H  G  Y  E  S  S
Q  X  J  G  J  L  A  A  X  O  Q  L  E  Y
K  O  O  S  U  E  Y  L  U  C  V  J  G  C
J  F  Q  A  W  E  A  O  H  Q  O  B  U  Y
R  I  C  Z  K  A  K  X  M  E  I  B  N  D
S  G  L  G  K  A  G  C  I  U  A  O  E  F
```

OLOGBON	EYONU
ASEJE	IMORAN
OLUKỌNI	IṢẸ
ÌFARADÀ	IDARAYA
FINALIST	ILANA
ERE	EGBE
IDAJO	IDIJE
LEAGUE	ISEGUN

100 - Vacation #2

```
A P G Ì Y À N L Ọ́ H U D Z
J A O G M G O K K V O W V H
E S I K V B K X Ọ T T A X I
J S O S O À U H I E E K S G
I P O R I O N R R T L W C B
U O A K Í N F G I O B K L A
T R F Y D L M U N O B U S N
T T E C X U Ẹ I R K D A A A
U A F J X M B ` O U S Z Q J
Z M E S E C R K È N F X K O
À G Ọ́ V F M M X D Z U U T
Q K Ì R I N A J O Y È X K M
Q Y B M S Y P L V V F V L S
E W V Y A V O E X U U G Q F
```

OKO OFURUFU	AFEFE
ETO-OKUN	MAP
ÀGBÀ	PASSPORT
ÌYÀNLỌ	OKUN
AJEJI	TAXI
ISINMI	ÀGỌ́
HOTEL	ỌKỌ-IRIN
ORÍLẸ̀-ÈDÈ	IGBANA
IRIN AJO	VISA

1 - Food #1

2 - Castles

3 - Measurements

4 - Farm #2

5 - Books

6 - Meditation

7 - Days and Months

8 - Chess

9 - Food #2

10 - Family

11 - Farm #1

12 - Camping

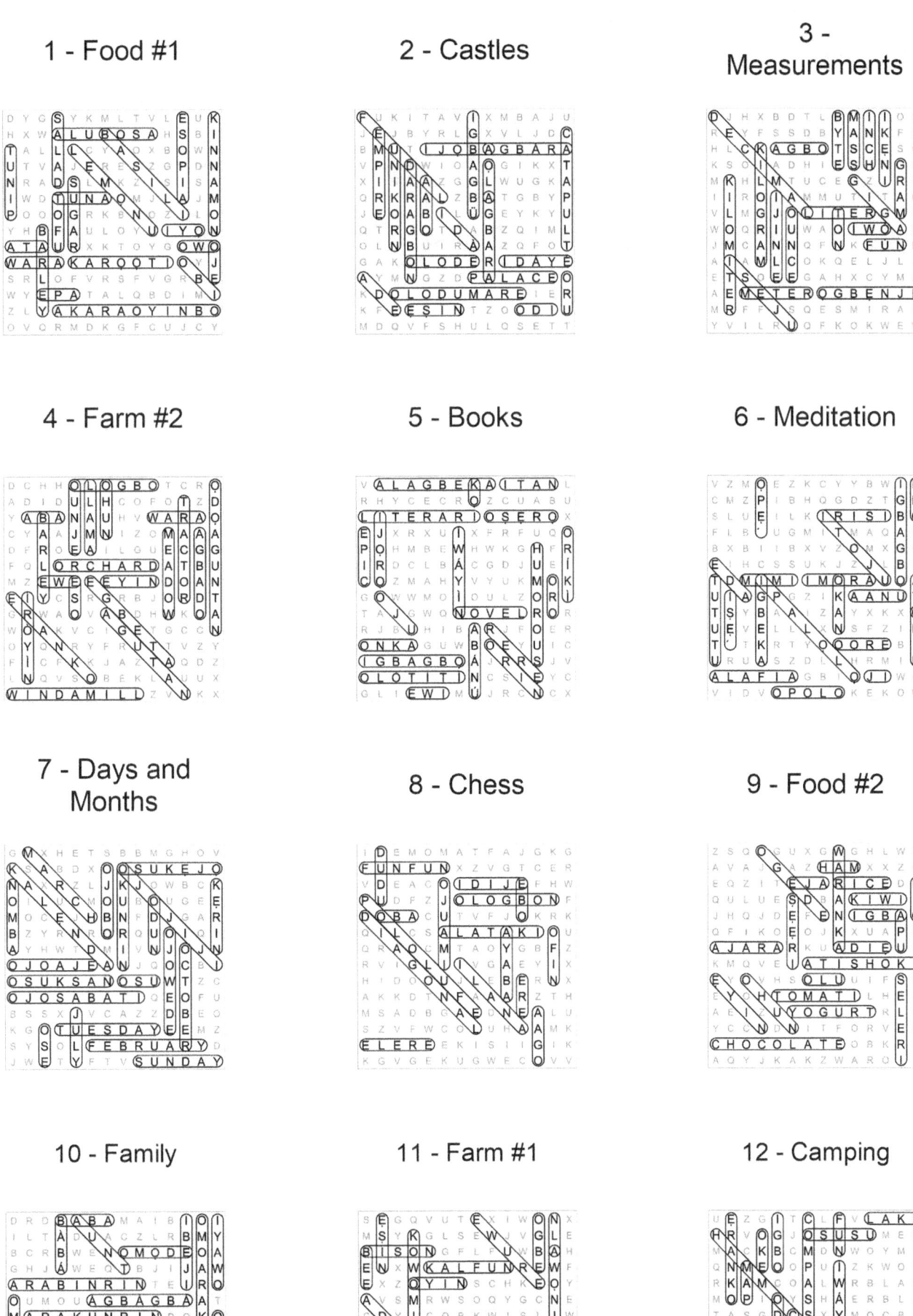

13 - Conservation

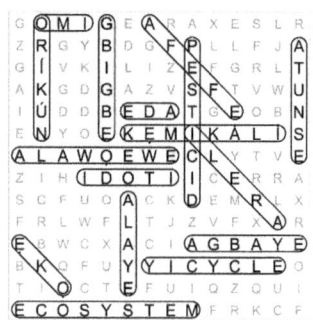

14 - Numbers

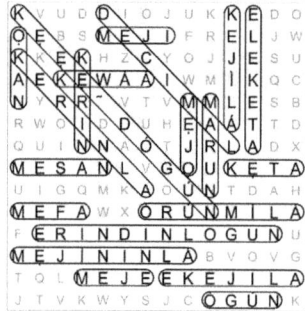

15 - Spices

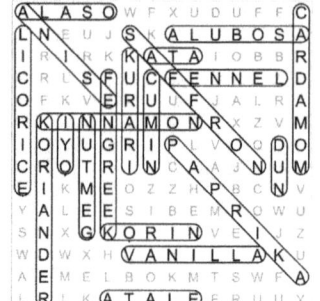

16 - Mammals

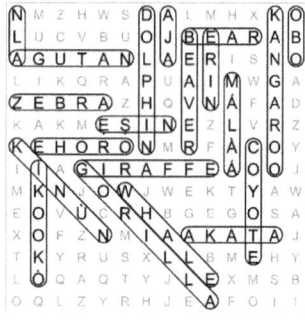

17 - Fishing

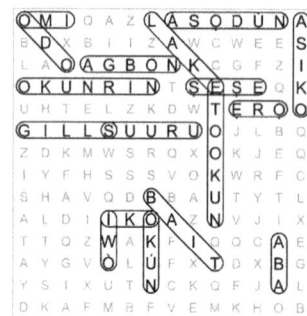

18 - Restaurant #1

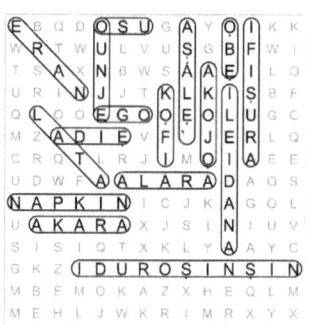

19 - Bees

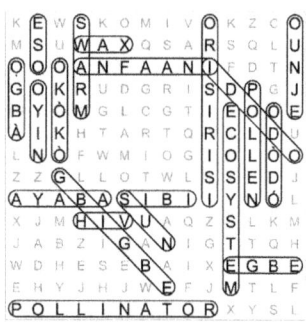

20 - Sports

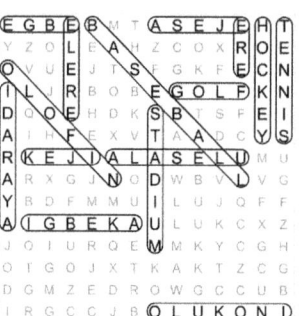

21 - Weather

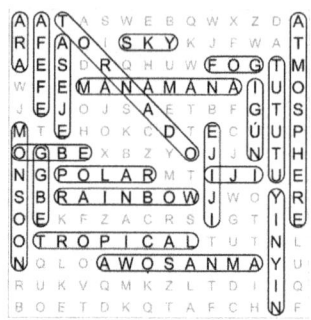

22 - Adventure

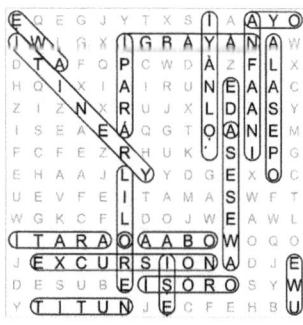

23 - Circus

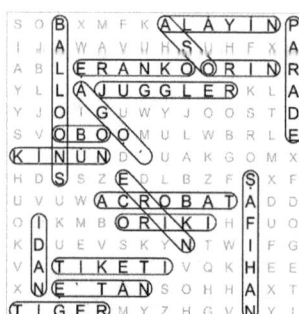

24 - Tools

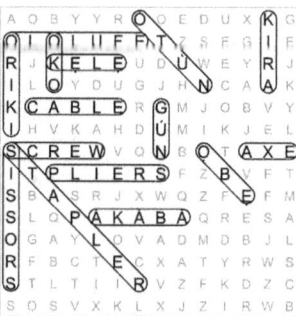

25 - Restaurant #2

26 - Geology

27 - House

28 - Comedy

29 - Bathroom

30 - Dance

31 - Colors

32 - Climbing

33 - Shapes

34 - Scientific Disciplines

35 - School #2

36 - Science

37 - Summer

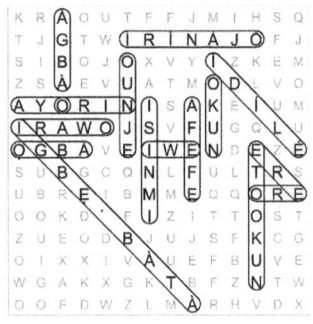

38 - Clothes

39 - Insects

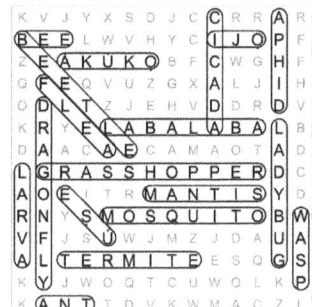

40 - Astronomy

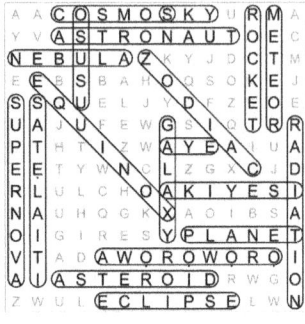

41 - Pirates

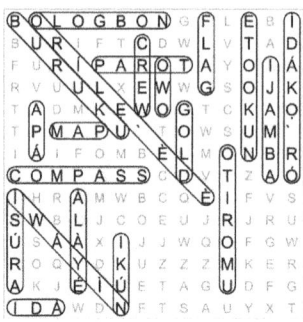

42 - Time

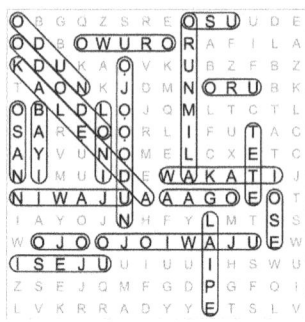

43 - Buildings

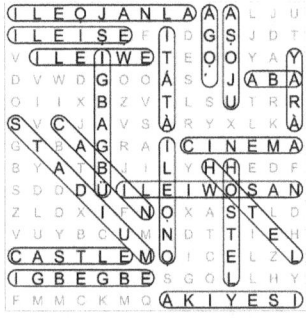

44 - Herbalism

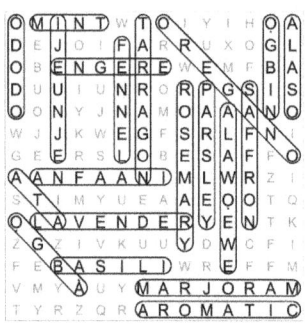

45 - Toys

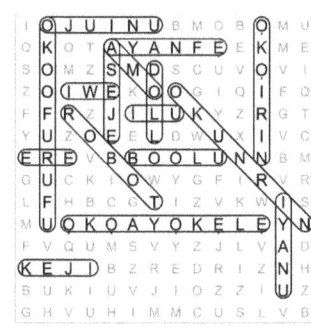

46 - Vehicles

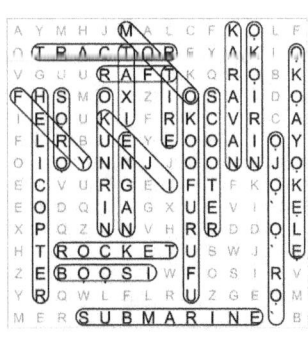

47 - Flowers

48 - Town

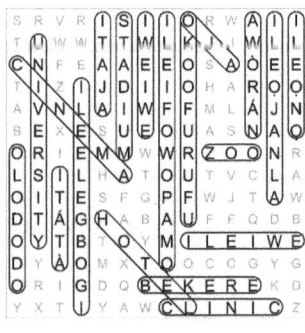

49 - Antarctica

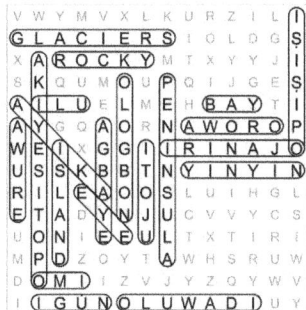

50 - Ballet

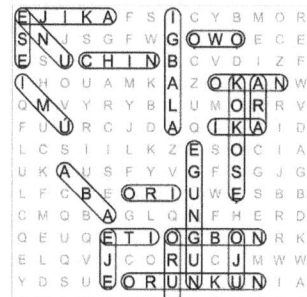

51 - Human Body

52 - Musical Instruments

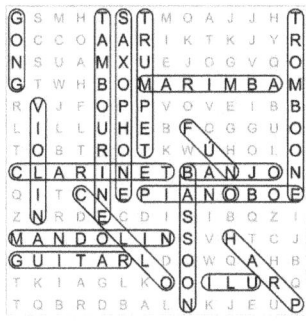

53 - Fruit

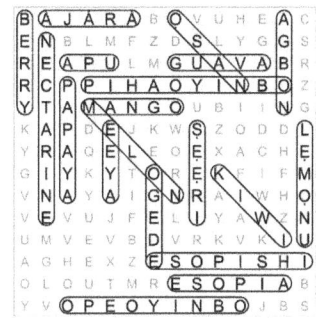

54 - Virtues #1

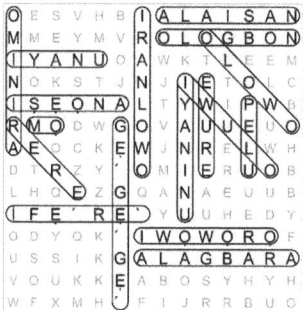

55 - Kitchen

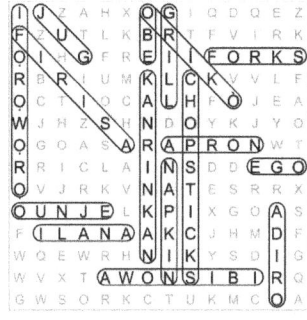

56 - Art Supplies

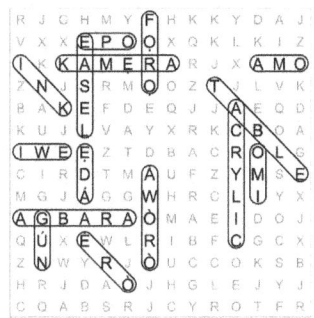

57 - Science Fiction

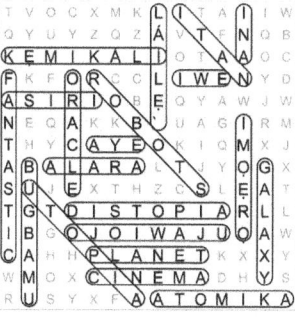

58 - Kindness

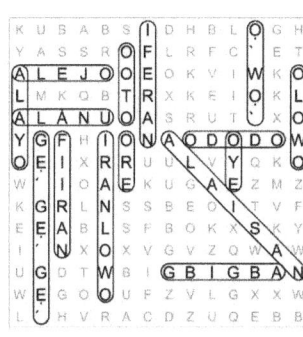

59 - Airplanes

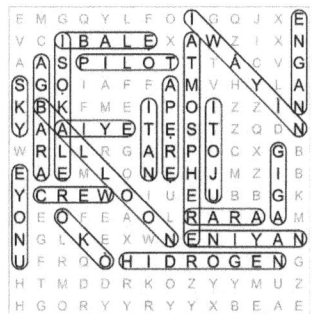

60 - Ocean

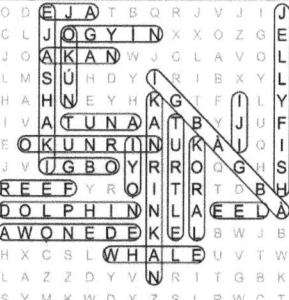

61 - Birds

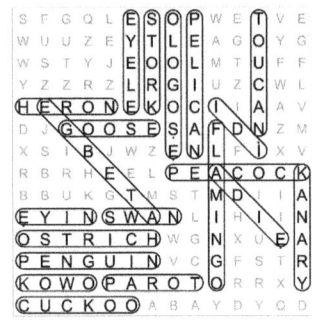

62 - Art

63 - Autumn

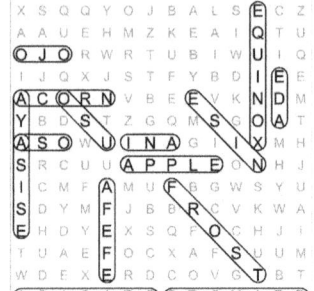

64 - Nutrition

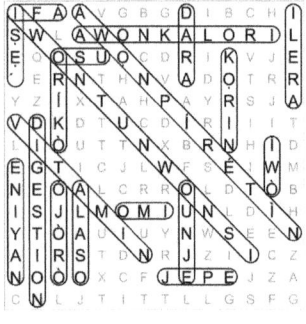

65 - Hiking

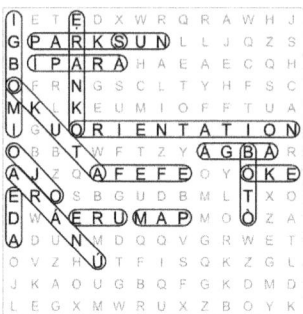

66 - Professions #1

67 - Dinosaurs

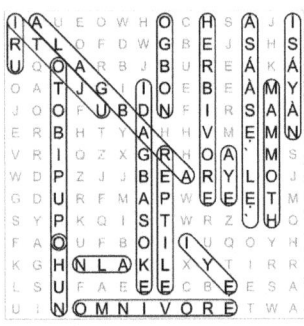

68 - Barbecues

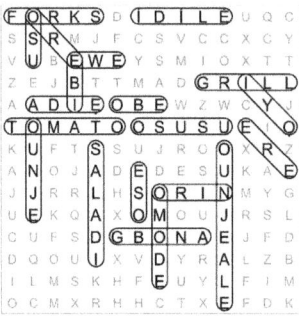

69 - Surfing

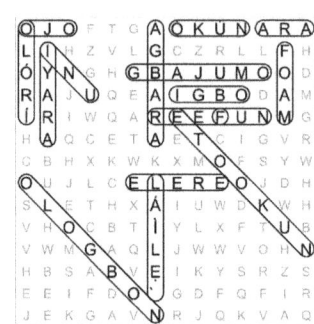

70 - Chocolate

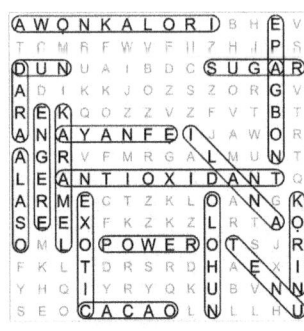

71 - Vegetables

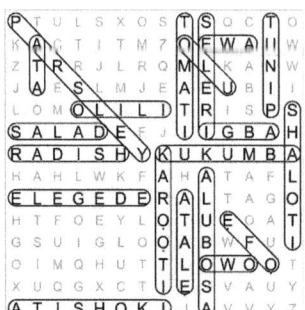

72 - Boats

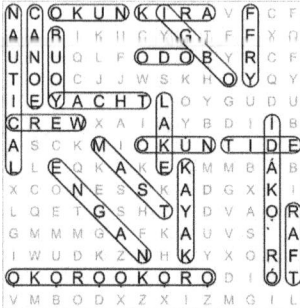

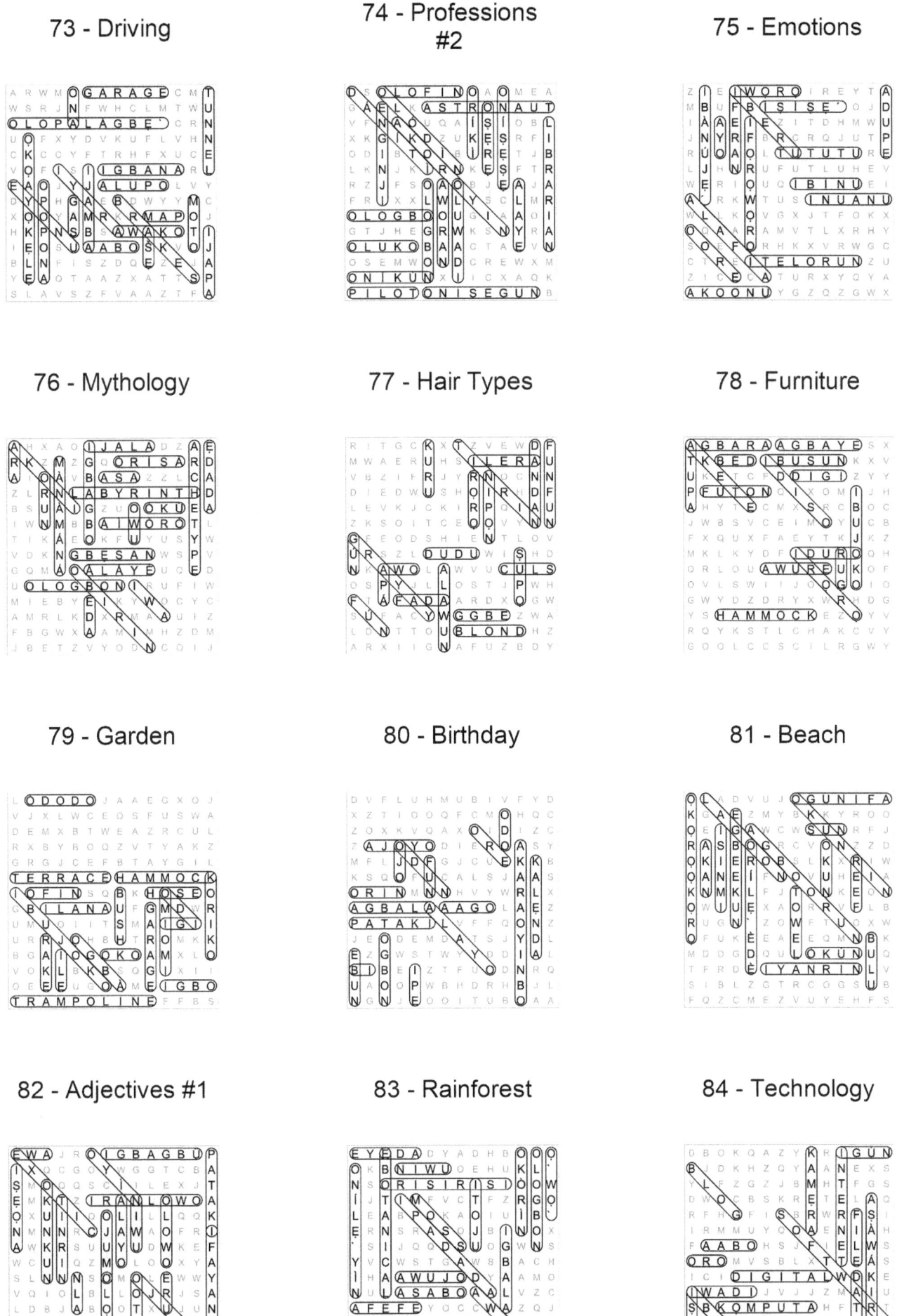

73 - Driving

74 - Professions #2

75 - Emotions

76 - Mythology

77 - Hair Types

78 - Furniture

79 - Garden

80 - Birthday

81 - Beach

82 - Adjectives #1

83 - Rainforest

84 - Technology

85 - Landscapes

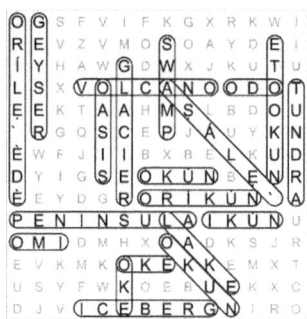

86 - Visual Arts

87 - Plants

88 - Countries #2

89 - Ecology

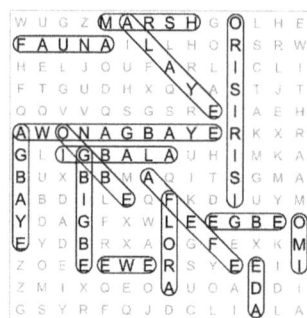

90 - Adjectives #2

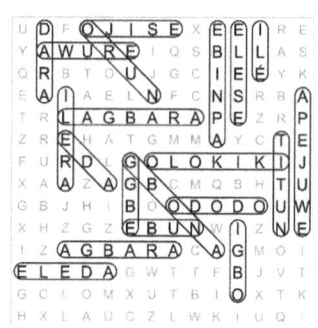

91 - Math

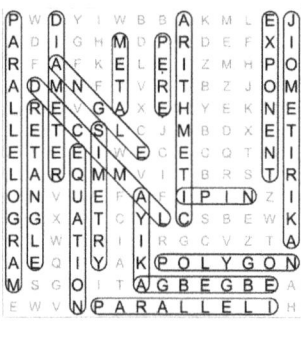

92 - Water

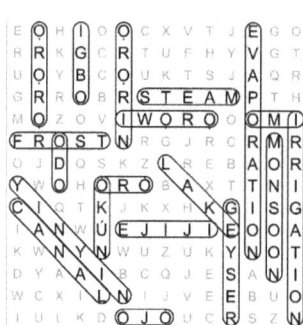

93 - Activities

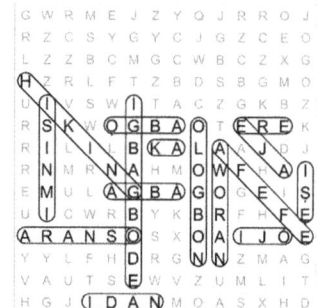

94 - Literature

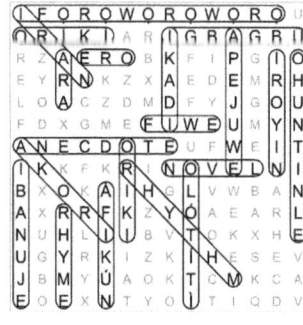

95 - Geography

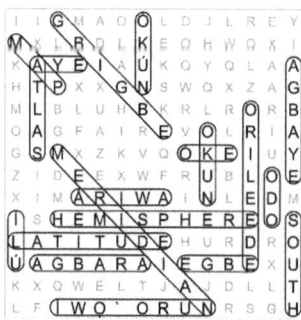

96 - Vacation #1

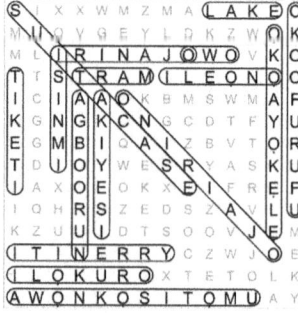

97 - Pets

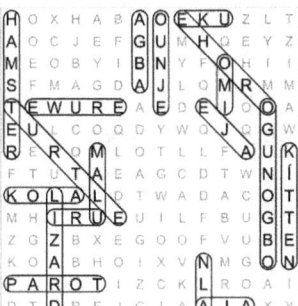

98 - Nature

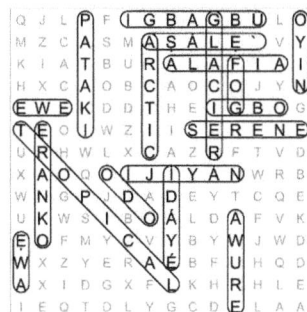

99 - Championship

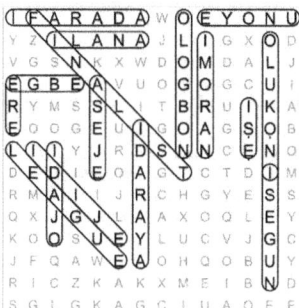

100 - Vacation #2

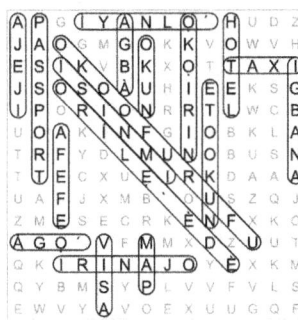

Dictionary

Activities
Awọn iṣẹ Ṣiṣe

Activity	Iṣẹ
Art	Aworan
Camping	Àgbà
Dancing	Ijó
Fishing	Eja
Games	Ere
Gardening	Ọgba
Hiking	Hiking
Hunting	Ode
Leisure	Afefe
Magic	Idan
Pleasure	Igbagbo
Reading	Ka
Relaxation	Isinmi
Sewing	Aranso
Skill	Ologbon

Adjectives #1
Adjectives #1

Absolute	Ojumo
Ambitious	Oju-Ju
Aromatic	Aromatic
Artistic	Iṣẹ Ọna
Attractive	Ifayani
Beautiful	Ewa
Dark	Okunkun
Exotic	Exotic
Generous	Olowo
Happy	Alayo
Heavy	Eru
Helpful	Iranlowo
Honest	Ooto
Huge	Nla
Identical	Igbagbü
Important	Pataki
Modern	Òyìn
Slow	O Lọra
Thin	Tinrin
Valuable	Niwu

Adjectives #2
Adjectives #2

Authentic	Ododo
Creative	Eleda
Descriptive	Apejuwe
Dry	Ggbe
Elegant	Dara
Famous	Olokiki
Gifted	Ebun
Healthy	Ilera
Hot	Gbona
Hungry	Ebi n Pa
Interesting	Awure
Natural	Eda
New	Titun
Productive	Elese
Proud	Agbara
Responsible	Ojise
Salty	Ilé
Sleepy	Orun
Strong	Lagbara
Wild	Igbo

Adventure
Ìrìn

Activity	Iṣẹ
Beauty	Ẹwa
Bravery	Ìgbáyàn
Chance	Asesewa
Dangerous	Ewu
Destination	Ìyànlọ́
Difficulty	Ìsòro
Enthusiasm	Ìtara
Excursion	Excursion
Friends	Ore
Itinerary	Itinery
Joy	Ayo
Nature	Eda
Navigation	Lilo
New	Titun
Opportunity	Anfaani
Preparation	Ìpará
Safety	Aabo
Unusual	Alasepo

Airplanes
Awọn ọkọ Ofurufu

Adventure	Ìwáyìn
Air	Aiye
Altitude	Agbara
Atmosphere	Atmosphere
Balloon	Balloon
Construction	Òkò
Crew	Crew
Descent	Isọkale
Design	Apẹrẹ
Direction	Itoju
Engine	Engan
Fuel	Eyonu
Height	Giga
History	Itan
Hydrogen	Hidrogen
Landing	Ìbalẹ
Passenger	Eniyan
Pilot	Pilot
Sky	Sky
Turbulence	Rara

Antarctica
Antarctica

Bay	Bay
Birds	Eye
Clouds	Awure
Conservation	Itoju
Continent	Agbaye
Environment	Ayika
Expedition	Irin Ajo
Geography	Aworo
Glaciers	Glaciers
Ice	Yinyin
Islands	Island
Migration	Isìsipo
Minerals	Ilu
Peninsula	Peninsula
Researcher	Oluwadi
Rocky	Rocky
Scientific	Ologbon
Temperature	Igún
Topography	Akiyesi Topo
Water	Omi

Art
Aworan

Ceramic	Seramic
Complex	Iṣoro
Composition	Awure
Expression	Ìsáyé
Honest	Ooto
Inspired	Nipa
Mood	Iṣesisi
Original	Original
Poetry	Ewi
Sculpture	Ere
Simple	Rororun
Subject	Koko-Oro
Surrealism	Surrealism
Symbol	Ami
Visual	Oju

Art Supplies
Art Agbari

Acrylic	Acrylic
Brushes	Foro
Camera	Kamẹra
Chair	Agbara
Clay	Amo
Colors	Àwòrò
Creativity	Ẹdá
Easel	Easel
Glue	Gún
Ideas	Èrò
Ink	Ink
Oil	Epo
Paper	Iwe
Table	Table
Water	Omi

Astronomy
Aworawo

Asteroid	Asteroid
Astronaut	Astronaut
Astronomer	Aworoworo
Constellation	Constellation
Cosmos	Cosmos
Earth	Aye
Eclipse	Eclipse
Equinox	Equinox
Galaxy	Galaxy
Meteor	Meteor
Moon	Osusu
Nebula	Nebula
Observatory	Akiyesi
Planet	Planet
Radiation	Radiation
Rocket	Rocket
Satellite	Satẹlaiti
Sky	Sky
Supernova	Supernova
Zodiac	Zodiac

Autumn
Igba Irẹdanu Ewe

Acorn	Acorn
Apples	Apple
Chestnuts	Aya
Climate	Afefe
Clothing	Aso
Equinox	Equinox
Festival	Esin
Fires	Ina
Frost	Frost
Migration	Iṣiṣipo
Months	Osu
Nature	Eda
Orchard	Orchard
Seasonal	Asise
Weather	Ojo

Ballet
Ballet

Applause	Ìpin
Artistic	Iṣe Ona
Audience	Ololufe
Choreography	Àwọn Oròrò
Composer	Oníkún
Dancers	Onijo
Expressive	Kiakia
Gesture	Iṣẹrẹ
Graceful	Oore-Ofe
Intensity	Agbara
Muscles	Isan
Music	Orin
Orchestra	Orchestra
Practice	Ìṣàṣẹ
Rhythm	Rhythm
Skill	Ologbon
Style	Ara
Technique	Ilana

Barbecues
Barbecues

Chicken	Adiẹ
Children	Omode
Dinner	Ounje Ale
Family	Ìdílé
Food	Ounje
Forks	Forks
Friends	Ore
Fruit	Eso
Games	Ere
Grill	Grill
Hot	Gbona
Hunger	Ebi
Knives	Obe
Music	Orin
Salads	Saladi
Salt	Iyo
Sauce	Osu
Summer	Osusu
Tomatoes	Tomato
Vegetables	Ewe

Bathroom
Yara Iwẹ

Bath	Iwe
Bubbles	Oníkún
Faucet	Faucet
Lotion	Ipara
Mirror	Digi
Perfume	Olofin
Rug	Rug
Scissors	Sissors
Shampoo	Shampoo
Shower	Iwọrọ
Soap	Ọsẹ
Sponge	Kanrinkan
Steam	Steam
Toilet	Igbinle
Towel	Towel
Water	Omi

Beach
Okun

Blue	Bulu
Boat	Okunrin
Coast	Egbe Ekun
Crab	Akan
Island	Orílẹ̀-Èdè
Lagoon	Lagoon
Ocean	Òkún
Reef	Reef
Sailboat	Ọkọrọ Ọkọrọ
Sand	Iyanrin
Sandals	Ogun Ifa
Sea	Okun
Sun	Sun
Towel	Towel
Umbrella	Agboorun
Vacation	Isinmi

Bees
Oyin

Beneficial	Anfaani
Blossom	Idodo
Diversity	Orisirisi
Ecosystem	Ecosystem
Flowers	Òdòdó
Food	Ounje
Fruit	Eso
Garden	Ọgbà
Habitat	Gbigbe
Hive	Hiv
Honey	Oyin
Insect	Òkòkò
Plants	Egbe
Pollen	Pollen
Pollinator	Pollinator
Queen	Ayaba
Smoke	Sibi
Sun	Sun
Swarm	Swarm
Wax	Wax

Birds
Awọn Ẹyẹ

Canary	Kanary
Chicken	Adiẹ
Crow	Kowo
Cuckoo	Cuckoo
Dove	Eyele
Duck	Egbeta
Eagle	Idì
Egg	Ẹyin
Flamingo	Flamingo
Goose	Goose
Heron	Heron
Ostrich	Ostrich
Parrot	Parot
Peacock	Peacock
Pelican	Pelican
Penguin	Penguin
Sparrow	Ologoṣẹ
Stork	Stork
Swan	Swan
Toucan	Toucan

Birthday
Ojo Ibi

Born	Bi
Cake	Akara Oyinbo
Calendar	Kalẹnda
Candles	Agbala
Celebration	Ajoyo
Day	Ojo
Friends	Ore
Fun	Fun
Gift	Ebun
Happy	Alayo
Invitations	Ipe
Song	Orin
Special	Pataki
Time	Aago
Wisdom	Ogbon
Year	Odun
Young	Odo

Boats
Awọn ọkọ oju Omi

Anchor	Ìdákòró
Buoy	Buoy
Canoe	Canoe
Crew	Crew
Engine	Engan
Ferry	Fery
Kayak	Kayak
Lake	Lake
Mast	Mast
Nautical	Nautical
Ocean	Òkún
Raft	Raft
River	Odo
Rope	Kira
Sailboat	Ọkọrọ Ọkọrọ
Sea	Okun
Tide	Tide
Waves	Igbo
Yacht	Yacht

Books
Awọn iwe Ohun

Adventure	Ìwáyìn
Author	Oríkì
Collection	Igbagbọ
Context	Oro
Duality	Alagbeka
Epic	Epic
Historical	Itan
Humorous	Humorous
Inventive	Oṣẹrọ
Literary	Literari
Narrator	Olótítì
Novel	Novel
Page	Oju
Poem	Orin
Poetry	Ewi
Reader	Onka
Relevant	Rẹrẹ
Series	Ijọrọ
Tragic	Àbánú
Written	Kọ

Buildings
Awọn Ile

Apartment	Igbegbe
Barn	Abà
Cabin	Cabin
Castle	Castle
Cinema	Cinema
Embassy	Aṣoju
Factory	Ile-Iṣẹ
Hospital	Ile Iwosan
Hostel	Hostel
Hotel	Hotel
Laboratory	Yàrà
Museum	Ile Ọnọ
Observatory	Akiyesi
School	Ile Iwe
Stadium	Stadium
Supermarket	Ile oja Nla
Tent	Àgọ́
Theater	Ìtátà
Tower	Igbagbü
University	University

Camping
Ipago

Adventure	Ìwáyìn
Animals	Ẹranko
Cabin	Cabin
Canoe	Canoe
Compass	Compass
Fire	Ina
Forest	Igbo
Fun	Fun
Hammock	Hammock
Hat	Ila
Hunting	Ode
Insect	Òkòkò
Lake	Lake
Map	Map
Moon	Osusu
Mountain	Òke
Nature	Eda
Rope	Kira
Tent	Àgọ́
Trees	Igi

Castles
Awọn Kasulu

Armor	Agbára
Catapult	Catapult
Crown	Ade
Dragon	Daragbon
Dynasty	Ìdáyé
Empire	Empire
Feudal	Feudal
Fortress	Agbara
Horse	Ẹṣin
Kingdom	Ìjọba
Knight	Oru
Noble	Ọla
Palace	Palace
Prince	Olode
Princess	Olodumare
Shield	Aabo
Sword	Idà
Tower	Igbagbü
Unicorn	Unikorn
Wall	Odi

Championship
Asiwaju

Champion	Ologbon
Championship	Aseje
Coach	Olukọni
Endurance	Ìfaradà
Finalist	Finalist
Games	Ere
Judge	Idajo
League	League
Medal	Eyonu
Motivation	Imoran
Performance	Iṣẹ
Sports	Idaraya
Strategy	Ilana
Team	Egbe
Tournament	Idije
Victory	Isegun

Chess
Chess

Black	Dudu
Champion	Ologbon
Diagonal	Diagonal
Game	Ere
King	Oba
Opponent	Alataki
Passive	Pololufe
Player	Elere
Points	Ojuami
Queen	Ayaba
Rules	Ofin
Sacrifice	Ebo
Strategy	Ilana
Time	Aago
Tournament	Idije
White	Funfun

Chocolate
Chocolate

Antioxidant	Antioxidant
Bitter	Ķorin
Cacao	Cacao
Calories	Awǫn Kalori
Caramel	Karamel
Coconut	Agbon
Delicious	Olohun
Exotic	Exotic
Favorite	Ayanfẹ
Flavor	Alaso
Ingredient	Engere
Peanuts	Epa
Powder	Power
Quality	Dara
Recipe	Ilana
Sugar	Sugar
Sweet	Dun
Taste	Tẹnu

Circus
Sakosi

Acrobat	Acrobat
Animals	Ẹranko
Balloons	Balloons
Costume	Aso
Elephant	Erin
Juggler	Juggler
Lion	Kìnùn
Magic	Idan
Magician	Aláyìn
Monkey	Obo
Music	Orin
Parade	Parade
Show	Ṣafihan
Spectator	Oriki
Tent	Àgó
Ticket	Tiketi
Tiger	Tiger
Trick	Ẹtàn

Climbing
Gigun

Atmosphere	Atmosphere
Boots	Bòtò
Cave	Ikún
Curiosity	Iwariiri
Expert	Ologbon
Gloves	Iwosan
Helmet	Àṣíborí
Hiking	Hiking
Injury	Epa
Map	Map
Narrow	Dieni
Physical	Ara
Stability	Idurǫsìnṣin
Strength	Agbara
Training	Idanileko

Clothes
Awǫn Aṣǫ

Apron	Apron
Belt	Igbagbü
Blouse	Awure
Bracelet	Egba Owo
Dress	Aso
Fashion	Njagun
Gloves	Iwosan
Hat	Ila
Jacket	Jacket
Jeans	Jean
Pajamas	Pajamas
Pants	Pátá
Sandals	Ogun Ifa
Scarf	Scarf
Shirt	Seeti
Shoe	Bata
Skirt	Skirt
Socks	Àwòrò
Sweater	Seater

Colors
Awǫn Awǫ

Beige	Beige
Black	Dudu
Blue	Bulu
Brown	Alawun
Cyan	Cyan
Fuchsia	Fuchsia
Green	Alawǫ Ewe
Grey	Grayay
Magenta	Magenta
Orange	Ǫsan
Pink	Pink
Purple	Aléyàá
Red	Pupa
White	Funfun
Yellow	Owo

Comedy
Awada

Actor	Osese
Actress	Oṣere
Applause	Ìpin
Audience	Ololufe
Clowns	Awure
Expressive	Kiakia
Fun	Fun
Funny	Ewure
Genre	Iran
Improvisation	Imudarasi
Jokes	Aseje
Laughter	Erin
Parody	Parody
Television	Tẹlivision
Theater	Ìtátá

Conservation
Itoju

Chemicals	Kẹmikálì
Climate	Afefe
Cycle	Yicycle
Ecosystem	Ecosystem
Education	Ẹkọ
Environmental	Agbaye
Green	Alawọ Ewe
Habitat	Gbigbe
Health	Ilera
Natural	Eda
Organic	Oríkún
Pesticide	Pesticid
Pollution	Idoti
Recycle	Atunse
Sustainable	Alaye
Water	Omi

Countries #2
Awọn Orilẹ-ede #2

Albania	Albania
Denmark	Denmark
Ethiopia	Ethiopia
Greece	Greece
Haiti	Haiti
Jamaica	Jamaica
Japan	Japan
Laos	Laos
Lebanon	Lébánìn
Liberia	Liberia
Mexico	Mexico
Nepal	Nepal
Nigeria	Nigeria
Pakistan	Pakistan
Russia	Russia
Somalia	Somalia
Sudan	Sudan
Syria	Síria
Uganda	Uganda
Ukraine	Ukraine

Dance
Ìjó

Academy	Akiyesi
Art	Aworan
Body	Ara
Choreography	Àwọn Orọrọ
Classical	Kasasika
Culture	Asa
Emotion	Imora
Expressive	Kiakia
Grace	Oore-Ofe
Joyful	Alayo
Movement	Igbeka
Music	Orin
Partner	Alágbẹ́ni
Posture	Ipinle
Rehearsal	Isẹrẹ
Rhythm	Rhythm
Traditional	Ibile
Visual	Oju

Days and Months
Awọn ojọ ati Awọn Oṣu

April	Kẹrin
August	Osu Kẹjo
Calendar	Kalẹnda
February	February
Friday	Ojo Jiji
January	Okunrin
July	July
March	March
Monday	Ojo Aje
Month	Osu
November	Nomba
October	October
Saturday	Ojo Sabati
September	Osu Ksan
Sunday	Sunday
Thursday	Ojobo
Tuesday	Tuesday
Wednesday	Ojo Wede
Week	Ose
Year	Odun

Dinosaurs
Dinosaurs

Disappearance	Ìsáyàn
Earth	Aye
Enormous	O Tobi Pupo
Evolution	Idagbasoke
Herbivore	Herbivore
Large	Nla
Mammoth	Mammoth
Omnivore	Omnivore
Powerful	Alagbara
Prehistoric	Àsáàsẹ̀lẹ̀
Prey	Ogbon
Reptile	Reptile
Size	Itoju
Tail	Iru
Vicious	Ohun
Wings	Iyẹ

Driving
Wiwakọ

Brakes	Brakes
Danger	Ijamba
Driver	Awako
Fuel	Eyonu
Garage	Garage
Gas	Gas
License	Aṣẹ
Map	Map
Motor	Moto
Motorcycle	Alupo
Pedestrian	Alágbẹ
Police	Olopa
Road	Ona
Safety	Aabo
Speed	Iyara
Street	Opopona
Traffic	Ijapa
Transportation	Igbana
Truck	Oko Ayọkẹlẹ
Tunnel	Tunnel

Ecology
Ekoloji

Climate	Afefe
Communities	Awon Agbaye
Diversity	Orisirisi
Drought	Ogbe
Fauna	Fauna
Flora	Flora
Global	Agbaye
Habitat	Gbigbe
Marine	Omi
Marsh	Marsh
Nature	Eda
Plants	Egbe
Survival	Igbala
Sustainable	Alaye
Vegetation	Ewe

Emotions
Awọn Ẹdun

Anger	Ìbínú
Boredom	Ìṣìṣẹ́
Calm	Tututu
Content	Akoonu
Fear	Iberu
Grateful	Adupe
Joy	Ayo
Kindness	Oore
Love	Iferan
Peace	Alafia
Sadness	Ìbànújẹ́
Satisfied	Itelorun
Sympathy	Inu Anu
Tenderness	Iwọrọ
Tranquility	Iforọwọrọ

Family
Idile

Ancestor	Bàbá
Aunt	Aunt
Brother	Arakunrin
Childhood	Omode
Cousin	Obìnrin
Daughter	Omobinrin
Grandfather	Baba Baba
Grandson	Omo Olodumare
Husband	Oko
Maternal	Omo Obi
Mother	Ìyá
Nephew	Omo Arakunrin
Niece	Ọmọde
Paternal	Baba
Sister	Arabinrin
Twins	Ibeji
Uncle	Àgbàgbà
Wife	Iyawo

Farm #1
Oko #1

Agriculture	Ogbe
Bee	Bee
Bison	Bison
Calf	Kalfun
Cat	Nla
Chicken	Adiẹ
Cow	Malu
Crow	Kowo
Dog	Aja
Donkey	Kekẹtẹ
Fence	Odi
Fertilizer	Fertilizer
Field	Oko
Goat	Ewure
Hay	Hay
Honey	Oyin
Horse	Ẹṣin
Rice	Rice
Seeds	Awọn Irugbin
Water	Omi

Farm #2
Oko #2

Animals	Ẹranko
Barley	Barley
Barn	Abà
Beehive	Eyin
Corn	Agbado
Duck	Egbeta
Farmer	Ologbo
Food	Ounje
Fruit	Eso
Irrigation	Ìròyìn
Lamb	Ọdọ Aguntan
Llama	Llama
Meadow	Meadow
Milk	Wara
Orchard	Orchard
Sheep	Agutan
Tractor	Tractor
Vegetable	Ewe
Wheat	Ohun
Windmill	Windamill

Fishing
Ipeja

Bait	Bait
Basket	Agbon
Beach	Eto-Okun
Boat	Okunrin
Cook	Ṣẹṣe
Equipment	Ẹrọ
Exaggeration	Àsọdùn
Gills	Gills
Hook	Ìkò
Jaw	Aba
Lake	Lake
Ocean	Òkún
Patience	Suuru
River	Odo
Season	Asiko
Water	Omi
Weight	Ìwò

Flowers
Awọn Ododo

Bouquet	Bouquet
Clover	Clover
Daisy	Daisy
Dandelion	Dandelion
Gardenia	Gardenia
Hibiscus	Hibiscus
Jasmine	Jasmine
Lavender	Lavender
Magnolia	Magnolia
Orchid	Orchid
Peony	Eyan
Petal	Petal
Poppy	Poppy
Sunflower	Òrun Oun
Tulip	Tulip

Food #1
Ounje #1

Barley	Barley
Basil	Basili
Cake	Akara Oyinbo
Carrot	Karọọti
Cinnamon	Kinnamon
Garlic	Ata
Juice	Oje
Lemon	Lẹmọnu
Milk	Wara
Onion	Alubosa
Peanut	Epa
Pear	Eso Pia
Salad	Salad
Salt	Iyọ
Soup	Obi
Spinach	Owo
Sugar	Sugar
Tofu	Tofu
Tuna	Tuna
Turnip	Tunip

Food #2
Ounje #2

Apple	Apu
Artichoke	Atishoki
Banana	Ogede
Broccoli	Ẹfọ
Celery	Seleri
Cheese	Waranka
Cherry	Ṣẹẹri
Chicken	Adiẹ
Chocolate	Chocolate
Egg	Ẹyin
Eggplant	Igba
Fish	Eja
Grape	Àjárà
Ham	Ham
Kiwi	Kiwi
Mushroom	Olu
Rice	Rice
Tomato	Tomati
Wheat	Ohun
Yogurt	Yogurt

Fruit
Eso

Apple	Apu
Avocado	Piha Oyinbo
Banana	Ogede
Berry	Berry
Cherry	Ṣẹẹri
Coconut	Agbon
Fig	Eeya
Grape	Àjárà
Guava	Guava
Kiwi	Kiwi
Lemon	Lẹmọnu
Mango	Mango
Melon	Melon
Nectarine	Nectarine
Orange	Ọsan
Papaya	Papaya
Peach	Eso Pishi
Pear	Eso Pia
Pineapple	Ope Oyinbo
Raspberry	Rasipibẹri

Furniture
Awọn Ohun-Ọṣọ

Bed	Bed
Bench	Ibujoko
Chair	Agbara
Couch	Akete
Curtains	Awure
Desk	Iduro
Dresser	Idiso
Futon	Futon
Hammock	Hammock
Lamp	Atupa
Mattress	Ibusun
Mirror	Digi
Pillow	Irọrọ
Rug	Rug
Shelves	Agbaye

Garden
Ọgba

Bench	Ibujoko
Bush	Bush
Fence	Odi
Flower	Òdodo
Garage	Garage
Garden	Ọgbà
Grass	Koriko
Hammock	Hammock
Hose	Hose
Lawn	Ofin
Pond	Omi Omi
Porch	Ilana
Rake	Rake
Shovel	Oko
Soil	Ile
Terrace	Terrace
Trampoline	Trampoline
Tree	Igi
Weeds	Igbo

Geography
Geography

Altitude	Agbara
Atlas	Atlas
City	Ìlú
Continent	Agbaye
Country	Orile-Ede
Elevation	Gbigbe
Hemisphere	Hemisphere
Island	Orílẹ̀-Èdè
Latitude	Latitude
Map	Map
Meridian	Meridian
Mountain	Òke
North	Àriwa
Ocean	Òkún
Region	Egbe
River	Odo
Sea	Okun
South	South
West	Ìwọ̀ Orun
World	Aye

Geology
Geology

Acid	Acid
Calcium	Kalisiomu
Cavern	Cavern
Continent	Agbaye
Coral	Koral
Crystals	Kristaal
Cycles	Àyókò
Earthquake	Ìgbìyàn
Erosion	Ìjiyàn
Fossil	Fossil
Geyser	Geyser
Lava	Lava
Layer	Laye
Minerals	Ilu
Plateau	Plateau
Quartz	Quartz
Salt	Iyọ
Stalactite	Stalactite
Stone	Okuta
Volcano	Volcano

Hair Types
Awọn Orìṣi Irun

Bald	Apá
Black	Dudu
Blond	Blond
Braided	Fún
Brown	Alawun
Colored	Awo
Curls	Culs
Curly	Ṣupọ
Dry	Ggbe
Gray	Grayay
Healthy	Ilera
Long	Gún
Shiny	Dandan
Short	Kuru
Silver	Fada
Soft	Rọrọ
Thick	Nipọn
Thin	Tinrin
White	Funfun

Herbalism
Herbalism

Aromatic	Aromatic
Basil	Basili
Beneficial	Anfaani
Culinary	Ijeunje
Fennel	Fennel
Flavor	Alaso
Flower	Òdodo
Garden	Ọgbà
Garlic	Ata
Green	Alawọ Ewe
Ingredient	Engere
Lavender	Lavender
Marjoram	Marjoram
Mint	Mint
Oregano	Oregano
Parsley	Parsley
Plant	Ọgbin
Rosemary	Rosemary
Saffron	Saffron
Tarragon	Tarragon

Hiking
Irin-Ajo

Animals	Ẹranko
Boots	Bòtò
Camping	Àgbà
Climate	Afefe
Heavy	Eru
Map	Map
Mountain	Òke
Nature	Eda
Orientation	Orientation
Parks	Parks
Preparation	Ìpará
Stones	Okuta
Sun	Sun
Tired	Aránú
Water	Omi
Weather	Ojo
Wild	Igbo

House
Ile

Attic	Attic
Basement	Ipilẹ
Broom	Iyawo
Curtains	Awure
Door	Ilekun
Fireplace	Ibi Ina
Floor	Ile
Furniture	Iforọwọwọ
Garage	Garage
Garden	Ọgbà
Keys	Awọn Bọtini
Kitchen	Ile Idana
Lamp	Atupa
Library	Iwe Iwe
Mirror	Digi
Roof	Orule
Room	Yara
Shower	Iwọrọ
Wall	Odi
Window	Ferese

Human Body
Ara Eniyan

Ankle	Kokosẹ
Blood	Eje
Bones	Egungun
Brain	Ogbon
Chin	Chin
Ear	Eti
Elbow	Igbala
Face	Oju
Finger	Ìka
Hand	Ọwọ
Head	Ori
Heart	Okan
Jaw	Aba
Knee	Orunkun
Leg	Ese
Mouth	Enu
Neck	Orun
Nose	Imú
Shoulder	Ejika
Skin	Ara

Insects
Kokoro

Ant	Ant
Aphid	Aphid
Bee	Bee
Beetle	Beetle
Butterfly	Labalaba
Cicada	Cicada
Cockroach	Àkùkọ
Dragonfly	Dragonfly
Flea	Flea
Grasshopper	Grasshopper
Ladybug	Ladybug
Larva	Larva
Locust	Ẹṣú
Mantis	Mantis
Mosquito	Mosquito
Termite	Termite
Wasp	Wasp
Worm	Ijọ

Kindness
Oore

Attentive	Fiiran
Compassionate	Alánu
Friendly	Ore
Generous	Olowo
Genuine	Ododo
Happy	Alayo
Helpful	Iranlowo
Honest	Ooto
Hospitable	Alejo
Loving	Iferan
Patient	Alaisan
Receptive	Gbigba
Reliable	Gẹ́gẹ́gẹ́
Respectful	Ọwọ̀
Understanding	Oye

Kitchen
Idana

Apron	Apron
Bowl	Ego
Chopsticks	Chopsticks
Food	Ounje
Forks	Forks
Freezer	Firisa
Grill	Grill
Jug	Jug
Knives	Obe
Napkin	Napkin
Oven	Adiro
Recipe	Ilana
Refrigerator	Iforowọrọ
Spices	Oríkò
Sponge	Kanrinkan
Spoons	Awon Sibi

Landscapes
Awọn oju Ilẹ

Beach	Eto-Okun
Cave	Ikún
Desert	Aṣálẹ
Geyser	Geyser
Glacier	Glacier
Hill	Òkè
Iceberg	Iceberg
Island	Orílẹ̀-Èdè
Lake	Lake
Mountain	Òke
Oasis	Oasis
Ocean	Òkún
Peninsula	Peninsula
River	Odo
Sea	Okun
Swamp	Swamp
Tundra	Tundra
Valley	Oríkún
Volcano	Volcano
Waterfall	Omi

Literature
Litireso

Analysis	Ohun Tinle
Anecdote	Anecdote
Biography	Igbagbü
Comparison	Fiwe
Conclusion	Ikadi
Description	Apejuwe
Dialogue	Iforowọrọwọrọ
Fiction	Iroyin
Genre	Iran
Metaphor	Àfikún
Narrator	Olótítì
Novel	Novel
Opinion	Ero
Poem	Oriki
Poetic	Oríkì
Rhyme	Rhyme
Rhythm	Rhythm
Style	Ara
Theme	Akori
Tragedy	Ibanuje

Mammals
Awọn Ẹran-Ọsin

Bear	Bear
Beaver	Beaver
Bull	Málàá
Cat	Nla
Coyote	Coyote
Dog	Aja
Dolphin	Dolphin
Elephant	Erin
Fox	Akata
Giraffe	Giraffe
Gorilla	Gorilla
Horse	Ẹṣin
Kangaroo	Kangaroo
Lion	Kìnùn
Monkey	Obo
Rabbit	Ehoro
Sheep	Agutan
Whale	Whale
Wolf	Ìkookò
Zebra	Zebra

Math
Isiro

Angles	Angle
Arithmetic	Arithmetic
Circumference	Ayika
Decimal	Decimal
Diameter	Diameter
Equation	Equation
Exponent	Exponent
Fraction	Ipin
Geometry	Jiometirika
Parallel	Paralleli
Parallelogram	Parallelogram
Perimeter	Agbegbe
Perpendicular	Pẹrẹ
Polygon	Polygon
Rectangle	Retangle
Symmetry	Simetry
Triangle	Meta

Measurements
Iwọn

Byte	Byte
Centimeter	Ọgbẹnjẹ
Decimal	Decimal
Degree	Ikẹni
Depth	Ijinle
Gram	Gram
Height	Giga
Inch	Inch
Kilogram	Kilogram
Kilometer	Kilomiter
Length	Agbo
Liter	Liter
Mass	Mass
Meter	Meter
Minute	Iseju
Ounce	Ounce
Ton	Ton
Weight	Ìwò
Width	Fún

Meditation
Iṣaro

Acceptance	Igbagbọ
Awake	Ji
Breathing	Mimi
Calm	Tututu
Clarity	Itoju
Compassion	Aanu
Emotions	Imora
Gratitude	Ọpẹ́
Habits	Iṣẹ́
Happiness	Ayo
Kindness	Oore
Mental	Opolo
Mind	Okan
Movement	Igbeka
Music	Orin
Nature	Eda
Peace	Alafia
Perspective	Irisi
Silence	Ipalolo
Thoughts	Ero

Musical Instruments
Awọn Irinṣẹ Orin

Banjo	Banjo
Bassoon	Bassoon
Cello	Cello
Clarinet	Clarinet
Drum	Ìlu
Flute	Fún
Gong	Gong
Guitar	Guitar
Harp	Harp
Mandolin	Mandolin
Marimba	Marimba
Oboe	Oboe
Piano	Piano
Saxophone	Saxophone
Tambourine	Tambourine
Trombone	Tromboone
Trumpet	Trumpet
Violin	Violin

Mythology
Awọn Itan aye Atijọ

Archetype	Archetype
Behavior	Iwa
Beliefs	Igbagbo
Creation	Ẹdada
Creature	Eda
Culture	Asa
Deities	Òrìsà
Disaster	Ijala
Heaven	Orun
Hero	Akoni
Immortality	Àìwòrò
Jealousy	Owu
Labyrinth	Labyrinth
Legend	Àlàyé
Lightning	Mànàmáná
Monster	Obirin
Mortal	Òkú
Revenge	Gbẹsan
Thunder	Ara
Warrior	Ologbon

Nature
Iseda

Animals	Ęranko
Arctic	Arctic
Beauty	Ęwa
Bees	Oyin
Clouds	Awure
Desert	Aṣálę̀
Dynamic	Ìdáyé
Erosion	Ìjìyàn
Fog	Fog
Foliage	Ewe
Forest	Igbo
Glacier	Glacier
Peaceful	Alafia
River	Odo
Sanctuary	Igbagbü
Serene	Serene
Tropical	Tropical
Vital	Pataki

Numbers
Awǫn Nǫmba

Decimal	Decimal
Eight	Mẹjǫ
Eighteen	Mẹjìninlá
Fifteen	Kẹẹ̀dógún
Five	Marun
Four	Kẹrin
Fourteen	Kerinla
Nine	Mesan
Nineteen	Òrúnmìlà
One	Ǫkan
Seven	Meje
Seventeen	Kejìlá
Six	Mefa
Sixteen	Erindinlogun
Ten	Kẹwàá
Thirteen	Eleketa
Three	Kẹta
Twelve	Ekejila
Twenty	Ògún
Two	Meji

Nutrition
Ounję

Appetite	Eniyan
Balanced	Iwontunwonsi
Bitter	Kǫrin
Calories	Awǫn Kalori
Carbohydrates	Kárbohydrates
Diet	Ounje
Digestion	Digestion
Edible	Jepe
Fermentation	Ifá
Flavor	Alaso
Habits	Iṣẹ́
Health	Ilera
Liquids	Omi
Proteins	Àwǫn Pírétìn
Quality	Dara
Sauce	Osu
Spices	Oríkò
Toxin	Òjòrò
Vitamin	Vitamin
Weight	Ìwò

Ocean
Òkun

Boat	Okunrin
Coral	Koral
Crab	Akan
Dolphin	Dolphin
Eel	Eel
Fish	Eja
Jellyfish	Jellyfish
Oyster	Ògyìn
Reef	Reef
Salt	Iyǫ
Seaweed	Òkún
Shark	Eja Shaki
Shrimp	Awǫn Ede
Sponge	Kanrinkan
Storm	Iji
Tides	Ìgbàgbà
Tuna	Tuna
Turtle	Turtle
Waves	Igbo
Whale	Whale

Pets
Ohun Ǫsin

Cat	Nla
Collar	Kola
Cow	Malu
Dog	Aja
Fish	Eja
Food	Ounje
Goat	Ewure
Hamster	Hamster
Kitten	Kítten
Lizard	Lizard
Mouse	Eku
Parrot	Parot
Puppy	Agba
Rabbit	Ehoro
Tail	Iru
Turtle	Turtle
Veterinarian	Ogun Ogbo
Water	Omi

Pirates
Pirates

Adventure	Ìwáyìn
Anchor	Ìdákòró
Bad	Buruku
Beach	Eto-Okun
Captain	Ologbon
Cave	Ikún
Coins	Owo
Compass	Compass
Crew	Crew
Danger	Ijamba
Flag	Flag
Gold	Gold
Island	Orílę̀-Èdè
Legend	Àlàyé
Map	Map
Parrot	Parot
Rum	Oti Romu
Scar	Apá
Sword	Idà
Treasure	Ìsúra

Plants
Awọn Ohun Ọgbin

Bamboo	Bamboo
Bean	Ewa
Berry	Berry
Blossom	Idodo
Bush	Bush
Cactus	Cactus
Fertilizer	Fertilizer
Flora	Flora
Flower	Òdodo
Forest	Igbo
Garden	Ọgbà
Grass	Koriko
Grow	Dagbasoke
Ivy	Ivy
Moss	Moss
Petal	Petal
Root	Gbòngbò
Stem	Stem
Tree	Igi
Vegetation	Ewe

Professions #1
Awọn Iṣẹ-Ṣiṣe #1

Ambassador	Ambassador
Astronomer	Awọrọwọrọ
Attorney	Agbaye
Banker	Onínṣẹ́ Bòkò
Cartographer	Alánìyàn
Coach	Olukọni
Dancer	Onijo
Doctor	Dókítà
Editor	Olootu
Geologist	Geologist
Hunter	Ode
Jeweler	Olohun
Musician	Olorin
Nurse	Nọọsi
Pianist	Pianist
Plumber	Plumber
Psychologist	Olofin
Sailor	Òkún
Tailor	Telu
Veterinarian	Ogun Ogbo

Professions #2
Awọn Iṣẹ-Ṣiṣe #2

Astronaut	Astronaut
Biologist	Olofin
Dentist	Dánítì
Detective	Oṣẹrẹ
Engineer	Enginji
Farmer	Ologbo
Gardener	Ologbon
Illustrator	Alaye
Inventor	Oníṣẹṣẹ
Journalist	Akoroyin
Librarian	Librarian
Linguist	Olódìn
Painter	Oríkì
Philosopher	Ologbon
Photographer	Aworan
Physician	Onisegun
Pilot	Pilot
Researcher	Oluwadi
Teacher	Oluko
Zoologist	Oníkún

Rainforest
Igbo Ojo

Birds	Eye
Botanical	Ebotanical
Climate	Afefe
Clouds	Awure
Community	Awujo
Diversity	Orisirisi
Indigenous	Onílẹ̀yìn
Insects	Òkòrìn
Mammals	Ologbon
Moss	Moss
Nature	Eda
Preservation	Itoju
Refuge	Asabo
Respect	Ọwọ̀
Restoration	Ipadada
Survival	Igbala
Valuable	Niwu

Restaurant #1
Ile Ounjẹ #1

Allergy	Alara
Bowl	Ego
Bread	Akara
Chicken	Adiẹ
Coffee	Kọfi
Dessert	Aṣálẹ̀
Food	Ounje
Kitchen	Ile Idana
Knife	Ọbẹ
Meat	Eran
Menu	Akojọ
Napkin	Napkin
Reservation	Ifiṣura
Sauce	Osu
Spicy	Lata
Waitress	Iduroṣinṣin

Restaurant #2
Ile Ounjẹ #2

Beverage	Omiran
Cake	Akara Oyinbo
Chair	Agbara
Delicious	Olohun
Dinner	Ounje Ale
Eggs	Ẹyin
Fish	Eja
Fork	Oriki
Fruit	Eso
Ice	Yinyin
Salad	Salad
Salt	Iyọ
Soup	Obi
Spices	Oríkò
Spoon	Sibi
Vegetables	Ewe
Waiter	Oluduro
Water	Omi

School #2
Ile-iwe #2

Academic	Ękede
Activities	Ișe
Backpack	Akiyesi
Bus	Bọọsi
Calendar	Kalęnda
Computer	Kọmputa
Dictionary	Atumo
Education	Ękọ
Friends	Ore
Games	Ere
Grammar	Grammar
Library	Iwe Iwe
Literature	Literatation
Math	Isiro
Paper	Iwe
Pencil	Ikọwe
Science	Imọ
Scissors	Sissors
Teacher	Oluko
Weekends	Ose

Science
Imọ

Atom	Atom
Chemical	Kękami
Climate	Afefe
Data	Data
Evolution	Idagbasoke
Experiment	Adanwo
Fact	Otito
Fossil	Fossil
Gravity	Jiji
Hypothesis	Àgbàgbà
Laboratory	Yàrà
Method	Ọnà
Minerals	Ilu
Molecules	Moleku
Nature	Eda
Observation	Akiyesi
Particles	Apa
Physics	Ara
Plants	Egbe
Scientist	Ologbin

Science Fiction
Itan Agbelęrọ Imọijinlę

Atomic	Atomika
Books	Iwe
Chemicals	Kęmikálì
Cinema	Cinema
Dystopia	Distopia
Explosion	Bugbamu
Extreme	Láìlę
Fantastic	Fantastic
Fire	Ina
Futuristic	Ojo Iwaju
Galaxy	Galaxy
Illusion	Itan
Imaginary	Alara
Mysterious	Asiri
Oracle	Oracle
Planet	Planet
Robots	Robots
Technology	Imọ-Ęrọ
Utopia	Utopia
World	Aye

Scientific Disciplines
Awọn Ilana Imọ-Jinlę

Anatomy	Anatomi
Archaeology	Archeology
Astronomy	Irawo
Biochemistry	Biochemistry
Biology	Isinmi
Botany	Ewe
Chemistry	Kemistri
Ecology	Ecology
Geology	Geology
Immunology	Aję Aję
Kinesiology	Kinesiology
Linguistics	Oro Ede
Mechanics	Awọn Ęrọ
Meteorology	Oju oju Aye
Mineralogy	Ilu Ilu
Neurology	Ęrọọrọnọrọ
Physiology	Ara
Psychology	Ęrọ Ìrántí
Sociology	Sociology
Zoology	Ebo

Shapes
Awọn Apęrę

Arc	Arc
Circle	Agbaye
Cone	Konu
Corner	Igun
Cube	Cube
Curve	Ikún
Cylinder	Silinda
Ellipse	Ellipse
Hyperbola	Hyperbola
Line	Ila
Oval	Oval
Polygon	Polygon
Prism	Prism
Pyramid	Pyramid
Rectangle	Retangle
Side	Egbe
Triangle	Meta

Spices
Awọn Turari

Anise	Anise
Bitter	Kọrin
Cardamom	Cardamom
Cinnamon	Kinnamon
Coriander	Koriander
Cumin	Cumin
Curry	Kurari
Fennel	Fennel
Fenugreek	Fengreek
Flavor	Alaso
Garlic	Ata
Ginger	Atalę
Licorice	Licorice
Nutmeg	Nutmeg
Onion	Alubosa
Paprika	Paprika
Saffron	Saffron
Salt	Iyọ
Sweet	Dun
Vanilla	Vanilla

Sports
Awọn ere Idaraya

Baseball	Baseball
Bicycle	Keji
Championship	Aseje
Coach	Olukọni
Game	Ere
Golf	Golf
Gymnastics	Idaraya
Hockey	Hockey
Movement	Igbeka
Player	Elere
Referee	Olofin
Stadium	Stadium
Team	Egbe
Tennis	Tennis
Winner	Alaselu

Summer
Ooru

Beach	Eto-Okun
Books	Iwe
Camping	Àgbà
Family	Ìdílé
Food	Ounje
Friends	Ore
Games	Ere
Garden	Ọgbà
Joy	Ayo
Leisure	Afefe
Music	Orin
Sandals	Igbẹ́ Bàtà
Sea	Okun
Stars	Irawo
Travel	Ìrìn Àjò
Vacation	Isinmi

Surfing
Lilọ Kiri

Athlete	Elere
Beach	Eto-Okun
Beginner	Olórí
Champion	Ologbon
Extreme	Láìlẹ̀
Foam	Foam
Fun	Fun
Ocean	Òkún
Popular	Gbajumo
Reef	Reef
Speed	Iyara
Stomach	Inu
Strength	Agbara
Style	Ara
Wave	Igbo
Weather	Ojo

Technology
Imọ ọna Ẹrọ

Blog	Blog
Browser	Aṣàwákiri
Camera	Kamẹra
Computer	Kọmputa
Cursor	Igún
Data	Data
Digital	Digital
File	File
Internet	Internet
Message	Oro
Research	Iwadi
Screen	Iboju
Security	Aabo
Software	Software
Statistics	Iṣiro
Virtual	Ofojuto

Time
Aago

Annual	Ododo
Before	Niwaju
Calendar	Kalẹnda
Century	Orunmila
Clock	Aago
Day	Ojo
Decade	Ọjọọ Ọdun
Early	Tete
Future	Ojo Iwaju
Hour	Wakati
Minute	Iseju
Month	Osu
Morning	Owuro
Night	Oru
Noon	Osan
Now	Bayi
Soon	Laipe
Today	Loni
Week	Ose
Year	Odun

Tools
Awọn Irinṣẹ

Axe	Axe
Cable	Cable
Glue	Gún
Hammer	Ololufe
Knife	Ọbẹ
Ladder	Àkàbà
Pliers	Pliers
Razor	Oriki
Rope	Kira
Scissors	Sissors
Screw	Screw
Shovel	Oko
Stapler	Stapler
Torch	Òtùn
Wheel	Kẹlẹ

Town
Ilu

Airport	Oko Ofurufu
Bakery	Bekere
Bank	Ile-Ifowopamo
Cinema	Cinema
Clinic	Clinic
Florist	Olododo
Gallery	Àwòrán
Hotel	Hotel
Library	Iwe Iwe
Market	Oja
Museum	Ile Ọnọ
Pharmacy	Ile Elegbogi
School	Ile Iwe
Stadium	Stadium
Store	Itaja
Supermarket	Ile oja Nla
Theater	Ìtátà
University	University
Zoo	Zoo

Toys
Awọn Nkan Isere

Airplane	Okoofurufu
Ball	Boolu
Bicycle	Keji
Boat	Okunrin
Books	Iwe
Chess	Aseje
Clay	Amo
Doll	Doll
Drums	Ìlú
Favorite	Ayanfẹ
Games	Ere
Imagination	Oju Inu
Puzzle	Iyanu
Robot	Robot
Train	Ọkọ-Irin
Truck	Ọkọ Ayọkẹlẹ

Vacation #1
Isinmi #1

Airplane	Okoofurufu
Backpack	Akiyesi
Car	Ọkọ Ayọkẹle
Currency	Owo
Customs	Awọn Kọsitọmu
Departure	Ilọkuro
Expedition	Irin Ajo
Itinerary	Itinerry
Lake	Lake
Museum	Ile Ọnọ
Relaxation	Isinmi
Suitcase	Suitacase
Ticket	Tiketi
Tourist	Oniriajo
Tram	Tram
Umbrella	Agboorun

Vacation #2
Isinmi #2

Airport	Oko Ofurufu
Beach	Eto-Okun
Camping	Àgbà
Destination	Ìyànlọ
Foreigner	Ajeji
Holiday	Isinmi
Hotel	Hotel
Island	Orílẹ̀-Èdè
Journey	Irin Ajo
Leisure	Afefe
Map	Map
Passport	Passport
Sea	Okun
Taxi	Taxi
Tent	Àgọ́
Train	Ọkọ-Irin
Transportation	Igbana
Visa	Visa

Vegetables
Awọn Ẹfọ

Artichoke	Atishoki
Broccoli	Ẹfọ
Carrot	Karọọti
Celery	Seleri
Cucumber	Kukumba
Eggplant	Igba
Garlic	Ata
Ginger	Atalẹ
Mushroom	Olu
Olive	Olili
Onion	Alubosa
Parsley	Parsley
Pea	Ewa
Pumpkin	Elegede
Radish	Radish
Salad	Salad
Shallot	Shaloti
Spinach	Owo
Tomato	Tomati
Turnip	Tunip

Vehicles
Awọn ọkọ Ayọkẹlẹ

Airplane	Okoofurufu
Bicycle	Keji
Boat	Okunrin
Bus	Bọọsi
Caravan	Karavan
Engine	Engan
Ferry	Fery
Helicopter	Helicopter
Motor	Moto
Raft	Raft
Rocket	Rocket
Scooter	Scooter
Shuttle	Sọrọ
Submarine	Submarine
Subway	Ojọ Ọrọ
Taxi	Taxi
Tires	Tire
Tractor	Tractor
Train	Ọkọ-Irin
Truck	Ọkọ Ayọkẹlẹ

Virtues #1
Awọn iwa Rere #1

Artistic	Iṣẹ Ọna
Charming	Pelu
Clean	Mọ
Curious	Iyaninu
Decisive	Iyanu
Efficient	Alagbara
Funny	Ewure
Generous	Olowo
Good	Rere
Helpful	Iranlowo
Independent	Ominira
Modest	Iwọwọrọ
Passionate	Ìfẹ́rẹ̀
Patient	Alaisan
Practical	Iwulo
Reliable	Gẹ́gẹ́gẹ́
Wise	Ologbon

Visual Arts
Visual Arts

Architecture	Architecture
Artist	Olorin
Chalk	Chalk
Clay	Amo
Composition	Awure
Creativity	Ẹdá
Easel	Easel
Film	Film
Masterpiece	Masterpiece
Painting	Iyanu
Pen	Pen
Pencil	Ikọwe
Perspective	Irisi
Portrait	Aworan
Sculpture	Ere
Wax	Wax

Water
Omi

Canal	Canal
Evaporation	Evaporation
Flood	Omi
Frost	Frost
Geyser	Geyser
Humidity	Ọrọrọ
Hurricane	Ejiji
Ice	Yinyin
Irrigation	Irrigation
Lake	Lake
Moisture	Ọrọrin
Monsoon	Monsoon
Ocean	Òkún
Rain	Òjò
River	Odo
Shower	Iwọrọ
Snow	Òrò
Steam	Steam
Waves	Igbo

Weather
Oju Ojo

Atmosphere	Atmosphere
Calm	Tututu
Climate	Afefe
Cloud	Awọsanma
Drought	Ogbe
Dry	Ggbe
Fog	Fog
Hurricane	Ejiji
Ice	Yinyin
Lightning	Mànàmáná
Monsoon	Monsoon
Polar	Polar
Rainbow	Rainbow
Sky	Sky
Storm	Iji
Temperature	Igún
Thunder	Ara
Tornado	Tornado
Tropical	Tropical
Wind	Aseje

Congratulations

You made it!

We hope you enjoyed this book as much as we enjoyed making it. We do our best to make high quality games.
These puzzles are designed in a clever way for you to learn actively while having fun!

Did you love them?

A Simple Request

Our books exist thanks your reviews. Could you help us by leaving one now?

Here is a short link which will take you to your order review page:

BestBooksActivity.com/Review50

MONSTER CHALLENGE!

Challenge #1

Ready for Your Bonus Game? We use them all the time but they are not so easy to find. Here are **Synonyms**!

Note 5 words you discovered in each of the Puzzles noted below (#21, #36, #76) and try to find 2 synonyms for each word.

Note 5 Words from *Puzzle 21*

Words	Synonym 1	Synonym 2

Note 5 Words from *Puzzle 36*

Words	Synonym 1	Synonym 2

Note 5 Words from *Puzzle 76*

Words	Synonym 1	Synonym 2

Challenge #2

Now that you are warmed-up, note 5 words you discovered in each Puzzle noted below (#9, #17, #25) and try to find 2 antonyms for each word. How many lines can you do in 20 minutes?

Note 5 Words from **Puzzle 9**

Words	Antonym 1	Antonym 2

Note 5 Words from **Puzzle 17**

Words	Antonym 1	Antonym 2

Note 5 Words from **Puzzle 25**

Words	Antonym 1	Antonym 2

Challenge #3

Wonderful, this monster challenge is nothing to you!

Ready for the last one? Choose your 10 favorite words discovered in any of the Puzzles and note them below.

1.	6.
2.	7.
3.	8.
4.	9.
5.	10.

Now, using these words and within a maximum of six sentences, your challenge is to compose a text about a person, animal or place that you love!

Tip: You can use the last blank page of this book as a draft!

Your Writing:

Explore a Unique Store
Set Up **FOR YOU!**

BestActivityBooks.com/**TheStore**

Designed for Entertainment!

Light Up Your Brain With Unique **Gift Ideas**.

Access **Surprising** And **Essential Supplies!**

CHECK OUT OUR MONTHLY SELECTION NOW!

- Expertly Crafted Products -

NOTEBOOK:

SEE YOU SOON!

Linguas Classics Team

www.ingramcontent.com/pod-product-compliance
Lightning Source LLC
Chambersburg PA
CBHW082157120626
46553CB00010B/2926